讓**核心肌群**塊塊分明、
極端強悍、充滿爆發力

HIT HARD. LIFT HEAVY. LOOK THE PART.

HARDSTYLE ABS

帕維爾

訓練法

硬派腹肌

PAVEL
TSATSOULINE

帕維爾・塔索林———**著**
陳柏瑋———**譯**
王啟安———**審定**

目次
contents

CHAPTER 1
高反覆訓練為何無效？

CHAPTER 2
硬派呼吸法：
使用傳統武術功法
來收緊腰部

CHAPTER 3
硬派仰臥起坐：
不用髖屈肌出力
而真正鍛鍊腹肌的練法

CHAPTER 4
內部等長收縮：
歷代體育家非凡的腹部力量
和鍛鍊的祕密

揭開肌力及體能訓練神秘面紗，讓自己的訓練再次啟蒙

怪獸肌力及體能訓練中心總教練 何立安博士

肌力及體能訓練是一個涵蓋科學與藝術的神祕領域，許多訓練的過程清楚地依循著生理學、力學和心理學的脈絡發展，但也有很多奇特而有效的訓練方法至今仍無法用科學完全解釋，這也讓訓練學變成無比迷人的一門學問。在過去美蘇兩強全面對壘的年代，兩國除了在軍事和政治上互不相讓之外，競技運動也成為兩國互別苗頭的舞台，在各種國際競賽項目當中經常可以看到兩強相爭的場面，其背後代表的深層意涵是，誰能訓練出最優秀的人體，某種程度上代表了國力競爭的終極優勢。在這樣的時空背景之下，對於美國人來說，前蘇聯是一個可敬又可怕的對手，美國人必須拚盡全力才能與之抗衡，也因此鐵幕訓練變得神祕而又迷人。前蘇聯選手在各種運動賽事當中一再展現令全人類驚詫的優異表現，這代表在非常早期他們就已經發現，除了要發展各種競賽項目的高超技術之外，透過長期的訓練「改造」人體，量產超級強壯的運動員，是他們在國際競賽獨占鰲頭的祕密武器。

時至今日，我們已經知道這場競賽最終的結果，軍事和政治的力量敵不過價值觀的選擇，最後前蘇聯瓦解，而美國成為當代的超級強權，但即便是在政治上取得勝利，美國人對於前蘇聯的人體訓練祕技仍然無法忘懷。在往後的數十載，美國人對於運動訓練的愛好不減當年，加上運動商業化的發達，運動科學的日新月異，以及所有人對於健康和生活品質的重視，使得運動產業在美國蓬勃發展，生活在這樣的環境裡，只要是對運動有興趣的人，都可以從網路上和在各處林立的健身房裡找到訓練的機會，整個社會率先走入這個「人人有功練」的新訓練時代。在這個百家爭鳴的市場裡，任何有效（甚至只是有趣）的訓練方式都被拋到檯面上，有些隨即被淘汰，有些開始獲得小規模的信徒，有些歷經時間的考驗，逐漸成為多數訓練者的共識，不過更重要的是，在這個時期，專業人員開始體認到技術升級的重要性，也開始尋找任何可以精進技藝的機會，而也就在這個時代，帕維爾（Pavel Tsatsouline）登場了。

傳聞中的帕維爾，曾是前蘇聯特種部隊教官，跟許多前蘇聯瓦解後的專業人士一樣，後來移居美國。他操著濃厚的口音，還經常習慣性的稱呼別人為「同志」！而他的背景跟過去的鐵幕帝國一樣迷人。高高瘦瘦的身材卻有著強大的力量，連脊椎生物力學專家斯圖亞特・麥吉爾（Stuart McGill）教授在幫他做肌力測試時都讚嘆不已。同時兼具體育、武術和軍事背景的帕維爾，為美國和全世界帶來許多特殊的訓練新知，其中包括神經系統訓練法、張力技術、週期訓練法，以及一顆令人好奇的、帶著握把的鐵球，這個如今已經風行全球的器材，嗯，沒錯，就是壺鈴。

帕維爾的訓練思維不僅僅是介紹新穎的運動器材給鐵幕世界以外的國家，事實上壺鈴僅僅是他的訓練系統當中的一小部分而已，他的訓練系統完備，思維脈絡細膩，幾乎所有健身者想知道的議題，他都已經深思熟慮且經驗豐富，更重要的是這些五花八門的訓練招數，是奠基在對訓練科學強大的理解和深厚的底蘊，雖然這些西方世界所不熟悉的訓練方式及訓練思維並非他獨特的發明，但是在他彙整和詮釋之後，為全世界帶來巨大的啟發。

在帕維爾開始講述訓練科學之前，美國流行的健身文化標榜的是刻苦耐勞、堅持到底甚至享受痠痛的訓練態度，肌肉力量、肌肉質量和肌肉痠痛這幾件事情總是糾纏在一起，因此在許多健身者的邏輯裡，如果想要力氣變大，就要先讓肌肉變大，如果想要肌肉變大，就要忍受各種會製造痠痛的艱苦訓練，這個風氣走到極端，造成一種「越艱苦就越有效」的迷思，無論重量多輕多重，能多舉一下就多一下的效果，咬牙切齒汗如雨下的畫面被各種媒體不斷讚頌，不小心受傷也可能被解釋為光榮的勇者印記，但是在帕維爾開始闡述他的訓練思維之後，許多人才赫然發現，這樣的方式其實未必是訓練者最佳的選擇。

帕維爾指出，強大的肌力是一切運動表現的根本，因此所有的運動員、武術家和特殊勤務人員都應該要致力於提高最大肌力，這一點和許多西方思維並無二致，但是接下來的推論，就和許多流行的健身思維有天壤之別。帕維爾不認為「增加肌肉量」是提升肌力的唯一或最佳做法，肌肉力量其實是神經系統驅動肌纖維收縮的綜合表現，增加肌肉量雖然通常會帶來一些肌力增長的功效，但是神經系統的驅動力其實也有巨大甚至更高的進步空間，他用一個生動的譬喻，來描述這兩種不同的肌力進步機制：假設我們想把一輛汽車的動力升級，我們可以把四汽缸改裝為六汽缸。但是，如果我們只在乎汽缸的數量，不注重實際的運作能力，導致這六個汽缸只有三個汽缸在運作，整輛車也就只有三汽缸的動力。如果我們採取另一個途徑，就是致力於讓原本的四個汽缸都發揮到最高效能，則這輛汽車的動力顯然會優於空有六汽缸，卻只有三汽缸能運作的狀態。

這個譬喻在競技運動的世界裡屢見不鮮，許多人都觀察過這個現象，就是雖然更多的肌肉量具有更高的「力量潛力」，但是如果沒有針對用力的能力下功夫，許多肌肉碩大的人未必有強大的肌力。相反的，舉重、健力選手往往可以在體重不變的情況下大幅提升肌力，提升到超乎想像的強大，而精瘦的武術家可以一掌劈破厚厚的木板或磚塊，嗑藥嗑到神智不清的青少年，可能需要五六個彪形大漢警察才壓制得住。這些現象一再顯示一件事情：「人體的神經系統具有高度的開發潛力，徒有肌肉卻不懂用力，是無法發揮自己的最高潛力的，而人體的潛力一旦釋放，即便是瘦小的人也有驚人的力量」。

對於無法大量增肌的人，或是有體重分級的競技運動員來說，千萬不要放棄「提升肌力」這件事，因為神經系統徵召肌纖維的能力，還有巨大的潛力尚未開發，在沒有充分開發之前，每個人的肌力都距離自己的潛能甚遠。為什麼人

體在一般的狀態下會徒有肌肉卻無法發揮肌力呢？這種現象背後的基本假設是，人體的神經系統傾向過度保護自己，因此處處充滿了「抑制」的機制，為各種危險的動作設下重重的阻礙，開發肌力的過程其實是拿掉障礙的過程，是釋放肌力的過程。換言之，肌力的提升很大一部分來自於人體終於懂得用力。

而怎樣才算是懂得用力呢？帕維爾用簡單的一句話解釋：「肌力是一種技術（strength is a skill）。」

要讓身體敢發揮自己與生俱來的肌力，必須先讓身體覺得用力是安全的，而這是一項可以練習的技術，所以帕維爾才說：「肌力是一種技術。」技術的訓練需要深度的練習和體悟，又蠻又爆的勇猛鍛鍊只會帶來一身痠痛和受傷，就算是真的長出粗壯的外表，神經系統很可能對於用力還是一樣恐懼，因此即便身材壯碩，實際上的力量也無法和「用力技術」高深的練家子相比。而就像我們學習任何技術一樣，技術的精進來自於成千上萬次的「正確練習」，全壘打、三分球、後空翻、後旋踢都一樣，需要一再地反覆練習，不斷重複正確的動作，直到一切變成自動化，可以不加思索就施展完美技術，才算是真的學會這項技術。發揮肌力也是一樣，無論是想提升抓舉、挺舉、硬舉或深蹲的成績，或是想要提升握力，或僅僅是想完成人生第一次成功的引體向上或單手伏地挺身，這些都要當成技術來練習。

技術的練習跟刻苦的、追求痠痛的健身潮流很不一樣，技術的練習是氣定神閒的，是精準而專注的。稍有訓練經驗的人都知道，在又喘又累的情況下練習一個不熟悉的技術通常很沒有效率，甚至可能是危險的。帕維爾的一位好友，也是知名肌力體能教練丹・約翰，他用的譬喻最有趣，丹・約翰說：肌力訓練就像學打字，用熱血澎湃的態度死命地敲鍵盤，是怎樣也學不好打字，但如果可

以每次都氣定神閒地按對每一個按鍵，經過充足的成功經驗之後，打字就變成一個自然而流暢的過程，學習技術都是如此，而肌力是技術，所以學習用力也是如此。

帕維爾用一種「grease the groove」的訓練方式來詮釋肌力訓練。從字面上看來，「grease the groove」是「把軌道上油」的意思，就好像工程技師在幫機械的軌道上油，增加潤滑，讓機械可以運轉更順利。帕維爾的「grease the groove」是利用相對較輕的重量，在刻意避免力竭的情況下，讓神經系統「學習」用力。所謂的相對較輕，不是真的很輕，而是刻意將反覆次數局限在絕對成功的範圍內。比方說，最大肌力的80%，通常是可以操作8次反覆左右的重量（例如一位訓練者的深蹲200公斤，通常可以將160公斤蹲8下）。但是這8下通常是咬牙切齒的，尤其是最後幾下更是千辛萬苦，所以帕維爾建議，可以做8下的重量，就只做4下，可以做12下重量，就只做6下，可以做5下的重量，就只做2-3下。換言之，無論選擇的重量有多重或多輕，訓練的次數都大約是極限值的一半。這樣的訓練方式讓肌力訓練遠離任何咬牙切齒或痠痛發抖，而且幾乎不可能有失敗的時候，這剛好符合了「刻意增加成功次數」的技術型訓練思維。當一個人永遠在游刃有餘的範圍內做深度的練習，身體會逐漸適應，神經系統會逐漸提高對動作的掌握，逐漸降低各種抑制的機制，開放身體使用肌力的權限，接著人體就會感覺到，原本有一點點挑戰性的重量變得完全沒有挑戰性，這顯示身體已經掌握了使用這個力量的技術，是時候可以增加訓練的難度了。這樣的方式不瘋狂也不熱血，但身體已經悄悄地變強了。

帕維爾的訓練思維奠基在這種神經系統適應的基本理論架構之上，而這也影響了其他所有訓練的面向，包括如何技巧性的讓身體學會釋放力量，以及如何在訓練和恢復之間找到長期相容的平衡點，而這關係到他教人如何用「穩定性」換得力量的張力技巧，以及長期進步的週期安排方式。更重要的是，在他的系統裡，肌力訓練不能拘泥在工具之上，槓鈴、啞鈴和壺鈴都只是產生張力的工具，人體的肌纖維不在乎你使用什麼工具，只知道該產生多大的張力來對抗，所以徒手擺出高張力的姿勢，做出高張力的動作，也會大幅提升肌肉收縮的能力，即便身邊沒有任何訓練器材，還是可以持續提高身體的能力。這種一法通而萬法通的極簡主義，讓帕維爾的訓練可以適合任何環境、任何條件去達成任何目的。

帕維爾是揭開鐵幕訓練的神祕面紗的神祕人物，他的著作和教學讓更多人們接觸到更寬更廣的訓練思維，而當代的訓練科學和健身市場，也在他的強力激盪之下，產生更多更精采的訓練方式。研讀他的著作，學習他的方法，相信對許多人來說，會是一個讓自己的訓練再次啟蒙、再次升級的美妙過程。

傳統武術 × 現代科學實證，深具知識內涵與閱讀價值

怪力中醫 陳柏瑋

如果，你還在做大量的高反覆仰臥起坐、大量的捲腹，甚至做一些負重側腹彎舉、腰部扭轉訓練，那你有兩種選擇：一、去學習安全的核心肌群訓練，你會遠離訓練後下背痛。二、繼續原本的訓練，然後前往復健科、中醫求診治療下背痛（也歡迎來找我看診，我是合格中醫師），用新台幣支持台灣在地醫療院所。

假設，你跟我們一樣已經開悟，明白核心訓練最好是選擇不讓腰椎有動作的等長收縮訓練，你的核心訓練使用的是負重行走、攪拌式、大重量硬舉等等方式，但你還希望更加精進，擁有更肥大有力的腹部肌群，那我誠摯邀請你閱讀這本書。

本書所教授的「硬派腹肌訓練法」不同於其他腹肌訓練、核心肌群訓練的地方在於，帕維爾以「最大肌力」的觀點來進行腹肌訓練，每一次的硬派腹肌訓練都應該與你在訓練最大肌力時的方法相同：強度高、同組不超過五下、不力竭為原則。如此使得這一套訓練法在一大票強調腹肌耐力的訓練法中卓絕群倫。可以思考一下：如果你追求的是最大肌力進步，追求的是爆發力進步，那為何你要一直使用培養肌耐力的訓練邏輯來對待你的腹肌？

我在翻譯《帕維爾徒手戰士訓練法》時，看到帕維爾大量汲取武術宗師的經驗來當作訓練功法與心法，在翻譯本書時，發現除了有更豐富的武術宗師經驗，還援引了極為大量的訓練、醫學領域的先進研究成果，也收錄許多帕維爾與當代脊椎力學專家斯圖亞特・麥吉爾教授（Stuart McGill）的合作實驗和彼此的意見交流分享，還有許多如格雷・庫克（Gray Cook）等物理治療界專家的教學心得。本書不僅有東方傳統武術功法的傳承，同時也經得起現代科學的驗證。為什麼應該這樣做而不那樣做，帕維爾除了從專家意見尋找解答，也進一步提供肌電圖等等實驗數據來驗證，這使得本書深具知識內涵與閱讀價值。

回想最初受邀翻譯這本書時，我一開始並不感興趣，因為在我過往的訓練裡，並不重視腹肌的好看與否。然而，翻了幾頁之後赫然發現，書中的內容遠遠超出了「擁有好看六塊肌」的範疇。帕維爾提供的方法追根究柢還是「運動能力的表現」，至於擁有令人垂涎的六塊腹肌，只是你使用有效方法鍛鍊腹肌，同時養成健康飲食習慣之後，自然而然就能獲得的「獎品」。

好看的腹肌vs.無敵的腹肌，你要哪個？小孩子才二選一，我全部都要。

另一方面，也不要以為本書聚焦腹肌，就誤以為內容單調簡單。這次帕維爾提供的訓練項目由淺到深，特別是深的動作，在我看來，難度絕不亞於《帕維爾徒手戰士訓練法》中的單腳深蹲和單手伏地挺身，甚至可以說，光是做到勉強及格，難度就有ＳＳ級。但你不一定要做完整本書，光是套用帕維爾的訓練邏輯來調整自己的訓練方向，並搭配硬派呼吸法或硬派仰臥起坐，就能有驚人成果。

最後，先感謝本書的審訂與編輯，因為他們，本書的排版與文字才會如此輕鬆易讀。然後，給購買並且翻開本書的你：讓我們一起追隨帕維爾的腳步，練出既硬又派、更大更威猛的硬派六塊肌！願你強而有力！

嚴正警告

· 高血壓

· 心臟疾病

· 下背部屈曲不耐

如果你有上述情況，那這本書不適合你

本書任務

本書只有一個目標：練出非常強壯又發達的「六塊肌」，僅此而已。

在本書中，您不會看到如平板式或其他名為「功能性訓練」的輔助方式，這絕對不是因為它們毫無用處，而是因為這些動作無法讓你得到真正的「鐵布衫」。千萬別拿著叉子抱怨它切不了肉。

毫不諱言地說，硬派腹肌訓練法是將世界頂尖輕量級力量運動員所驗證過的肌力訓練方法應用在腹肌訓練上。更準確地說，所提供的三種特殊訓練運動，是從菁英體操選手的肢體語言中反向設計而來的。

方法錯誤而無法訓練出強而有力的腹部肌力是你的諸多失敗之一。被馬克・瑞福凱德（Mark Reifkind）所說的「隨機變化動作」誤導，則是另外一項。與其練一大堆無效動作，倒不如專注在本書提供的三個殺手級操練上。

如果您按照本書的指引來操作，我保證在數週之內你將獲得顯而易見的成果，數個月後將判若兩人。

出拳更猛，舉得更重，嘿，看那傢伙的腹肌！

CHAPTER

1

高反覆訓練爲何無效？

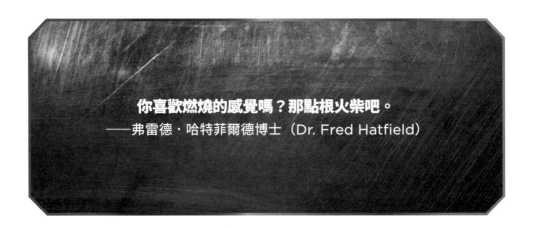

你喜歡燃燒的感覺嗎？那點根火柴吧。
——弗雷德・哈特菲爾德博士（Dr. Fred Hatfield）

你做了高反覆訓練、得到了肌肉燃燒的感覺，結果卻一無所獲。為什麼你還堅持繼續做下去，卻期待有不同的成果？

你從高反覆訓練中感受到的「燃燒」是來自於乳酸堆積，這對於增強肌肉毫無幫助。我曾讀過《金氏世界紀錄大全》，裡面看到了一張仰臥起坐連續次數紀錄保持者的照片，他連續做了好幾千下。這名烈士一定比地球上的任何人都更感到「燃燒」，但是他仍沒有任何能見的六塊腹肌，儘管他的體脂比例很低。

想知道為何高反覆訓練讓這位同志以及許多人都前仆後繼地失敗，我們必須先了解，如果要讓腹肌又硬又強，**除了要增加休息時腹肌張力或緊繃程度，也要增加「真正」的肌肉生長。**

休息肌肉張力（Muscle tone）指的是放鬆時肌肉中固有的張力。而張力（tension）則是肌肉產生力量的來源。肌肉中收縮性蛋白質的小鏈相互連接得越多，肌肉能產生的張力與力量就越強，休息肌肉張力也就越大。與一般認知不同的是，肌肉不出力的時候並非完全放鬆（倘若完全放鬆，人的身體會塌散成一袋骨頭），而是保有一點緊繃，用以預備反應動作。

英文單詞「tone」和「tune」源自於同一個古法文單詞：ton。這也難怪休息肌肉張力被詩意地比喻為吉他琴絃的鬆緊，從而把休息肌肉「張力」視為「為動作而預備」。

當然，我們必須能區分什麼是緊繃僵硬的肌肉與張力良好的肌肉。前者肌肉短縮且僵硬，後者肌肉較長且能量充沛，隨時如箭在弦準備衝刺。現在站起來，想像一下有一拳往你的肚子招呼過來，繃緊你的腹肌，但不要彎腰駝背。這就是擁有良好的休息肌肉張力會有的感覺。

肌肉會攣縮而緊繃是因為它們沒機會伸展拉長，這通常是因為活動量不足以及姿勢不良。長期久坐時，腹肌長時間處於縮短狀態。也就是說，懶散導致腹肌變得鬆軟；隨著腹肌越來越弱，緊繃程度卻會越來越高。

另一種情況是做肌力訓練時只做小幅度的動作：想一下健美選手們那長年彎曲緊繃的上臂。

而第三種情況則類似於屍僵（rigor mortis）。人的肌肉纖維就像捕鼠器一樣，會自動觸發，但觸發後需要能量來放鬆、重置，才能再次收縮。三磷酸腺苷（Adenosine triphosphate，簡稱ATP）就是放鬆肌肉的能量化合物，而屍體沒有三磷酸腺苷，因此屍「僵」的肌肉會永遠維持收縮狀態（譯注：在肌肉腐爛降解以前）。典型的高反覆腹肌鍛鍊會耗盡肌肉中的三磷酸腺苷，這會使肌肉像死人一樣鎖死僵硬。這叫作痙攣，並不是休息肌肉張力，而這一切都是坊間流行的腹肌訓練生產出來的。這種「殭屍級張力」並不持久，你必須日復一日無腦反覆「操爆」肌肉才能維持下去。❶

就像觸發後沒有重置的捕鼠器，這樣短縮而僵緊的肌肉對於運動毫無價值。

擁有健康休息張力的肌肉不僅具有大量處於可動狀態的肌纖維，長度也更長。猶如捕鼠器重置完成，隨時可再觸發。

終結肌肉「屍僵」的 3 個最佳方法

想要練出健康休息張力的肌肉必須做到三件事。

一. **要以高張力來訓練肌肉**。很顯然，人體不可能長時間保持高張力狀態。經過數十年的經驗累積，肌力教練們已能確定的是，一組最多做5次反覆就足夠了，就算少做幾下也沒關係。

二. **要避免肌肉短縮緊繃：**
a)**肌力訓練後要做伸展。**
b)**肌力訓練中一定要做一些大幅度的動作。**
c)**別忘了訓練拮抗肌群（以腹肌為例，就是背伸肌群）。**

想要有堅如磐石的腹肌，首要前提就是要具有健康的休息肌肉張力。另一項要件則是**「真正」的肌肉成長**。

想要水腫鬆垮的肌肉，
還是如眼鏡蛇「憤怒出擊」般
的肌肉？

肌肥大有兩種類型：肌漿型（sarcoplasmic）和肌原纖維型（myofibrillar）。肌漿型肥大增加了肌肉內的微血管數量，並用肝醣和其他做高反覆訓練時需要的能量化合物，來讓肌肉充血變大。而一分子的肝醣含有三分子的水，現在你知道健美選手膨脹的二頭肌裡裝的是什麼了。肌原纖維型肌肥大則是在強大阻力的刺激下，使肌肉收縮單位（或稱肌原纖維）增大的結果，而這正是力量型運動員以及體操運動員才有的「真正」的肌肉。

透過高反覆「泵感」而成的灌水肌肉　　　透過大重量訓練打造的真實肌肉

伊雷因教授（Evgeniy Ilyin）解釋道：「會發展成哪種類型的肌肥大取決於訓練的性質，輕負荷長時間的動態發力訓練會發展成肌漿型肥大；而高肌肉張力的等長性肌肉收縮訓練（isometric regime）則會發展為肌原纖維型肥大。」❷

從美觀的角度來說，肌原纖維型肥大的迷人之處在於：（容我引用伊雷因這位俄國教授的話）「從肌肉的橫截面來看，變化可能不明顯，因為主要的變化在於肌纖維中肌原纖維束的密度。」換句話說，大重量訓練使肌肉密度又密又扎實，但看起來不那麼大塊。嘿，這不就是你追求的腹肌嗎？

流行的迷思
阻礙您追求塊塊分明的肌肉

有人會爭辯：「腹肌可是慢縮肌群耶！為什麼要用低反覆次數來訓練腹肌？」

首先，腹肌是否都是慢縮肌纖維，現行的研究沒有共識。❸但我們確知的是，不同人的腹直肌（rectus abdominis，簡稱RA）擁有的慢縮Ⅰ型肌纖維百分比差距很大，少的只有32%，多的卻高達76%。❹

其次，你腹肌肌群中的肌纖維類型如何也無關緊要。如果你的目標在於力量和肌肉線條，那麼你該著眼的是快縮肌纖維，無論百分比有多少。有份價值連城的研究結果過去四十年來竟然不受健美人士的注意：快縮肌纖維聚集在肌肉的表面附近，而慢縮肌纖維則深藏在肌肉內部！❺這解釋了為什麼精壯的力量型運動員如健力、舉重、體操等選手的肌肉看起來相當密集，而「高反覆訓練狂」的肌肉看起來卻柔軟鬆弛。

健力冠軍奧斯比・亞力山大（Ausby Alexander）證明了大重量訓練可練出出色的腹肌。
當然，前提是要像這位海軍陸戰隊隊員一樣保持夠低的體脂。（照片由美國國家健力隊提供）

前保加利亞體操國家隊教練艾文・伊瓦諾夫（Ivan Ivanov）常說：「低反覆、高強度的訓練將肌肉『收緊』為一體，而高反覆、低強度的健美式泵感訓練則是讓肌肉『虛胖』膨脹。」以力量和體格聞名於世的鋼鐵傳奇人物尤金・山道（Eugene Sandow）就建議，將腹部運動的反覆次數限制在最多3下，這十分有啟發性！難怪他採用的高強度運動會是像直臂過頭的直膝仰臥起坐，而且在伸直的手臂上還握著啞鈴呢。

第三，我猜你想要的腹肌不只是要好看，還要強而有力。肌肉大小與肌力只有一半的關聯性，另一半則是神經系統徵召肌肉的能力，而這只能在精力充沛的狀態下，用非常短時間出力的訓練方式才有效果。❻

一旦了解腹肌需要的是訓練出最大肌力而非肌耐力，要得到殺手級六塊腹肌簡直是易如反掌。我們行之多年的訓練法就是這種方式，簡單有效。

尤金・山道，以力量和體格聞名於世的鋼鐵傳奇人物。

練出六塊腹肌來炫耀吧！

一名俄羅斯人對他朋友批評著：「老天，你真的越來越肥了，同志！」

這名福態的大同志嚥下嚼得津津有味的香鹹豬肥肉（編注：傳統俄國小菜），若有所思地答道：「我追求的是完美！而宇宙中最完美的形狀是什麼呢？」他刻意停頓了一下：「……是球體！」

如果你不想要這種「完美」體型，在開始硬派腹肌訓練計畫以前，最好先卸下你肚子上的「游泳圈」。硬派呼吸法對於胖子來說可不是個好主意，因為很容易讓血壓升高，而且碩大的肚腩會阻礙你做硬派仰臥起坐，至於懸吊舉腿……我就先不提了。

那麼要如何減肥呢？學會壺鈴擺盪與慎選飲食是關鍵。我的著作《帕維爾正宗俄式壺鈴訓練手冊》能夠教會你壺鈴鍛鍊，至於飲食就留給其他人來教吧。

每週 2 次壺鈴擺盪鍛鍊和更健康的飲食習慣，RKC（Russian Kettlebell Challenge，俄式壺鈴挑戰課程）的「壺鈴擺盪天后」崔西・瑞福凱德（Tracy Reifkind）減去了 52 公斤體重。（照片由崔西・瑞福凱德提供）

如果你已經瘦很多了，上腹肌已經浮現，但下腹肌仍大隱於肚，那麼唯一的解方是減去更多的脂肪。腱膜（Aponeuroses）由肌腱纖維薄片層疊而成，而腹內斜肌、腹外斜肌與腹橫肌的腱膜層層包覆了下腹的腹直肌。因此，增加肌肉和強化張力的訓練對此處才無法產生太大作用。

既然我們說到「上腹」與「下腹」，腹直肌的上半部與下半部的確是由不同的神經個別支配。然而，這對你的腹部訓練有什麼意義，科學家們也沒有共識。有些研究者認為只有在低強度收縮時，上腹和下腹才會被分隔開，而有些則確信具有良好協調性的受試者才能辦到。❼無論如何，都要讓腹肌接受足夠的負重，你的六塊腹肌才會全部同時點亮，如同那精美的聖誕樹。

職業大力士選手布德・耶弗里斯（Bud Jeffries），RKC 認證，他透過壺鈴擺盪特訓減掉了 52 公斤體重，其中大部分是脂肪。他說：「減重過程中我的肌力幾乎沒有流失⋯⋯有趣的是，某些部位的肌力甚至增強了⋯⋯握力大增⋯⋯背部肌力也大進。」

腳注

❶ | 「屍僵是缺乏三磷酸腺苷所導致，要將鈣從肌漿打回肌漿網所必要的正是三磷酸腺苷。鈣會觸發肌肉收縮，要讓肌肉放鬆就必須讓鈣從肌漿撤出回到肌漿網中。」（Fahey, 2010）

❷ | 伊雷因（2003）。

❸ | Häggmark 和 Thorstensson（1979）的研究指出，腹直肌含有 55% 的慢縮肌，而 Colling（1997）的研究結果正好相反，快縮肌為 54%。

❹ | Johnson 等人（1973），Colling-Saltin（1979）。

❺ | Clamann（1970）。

❻ | 「肌肉生理學的其中一條重要準則是，肌纖維的訓練程度與肌肉被神經徵召的比例呈正相關。」（Fahey, 2010）

❼ | 布瑞特・康崔拉斯（Bret Contreras）評論道：「我對其他研究者的質疑是，他們並沒有測量出針對上腹肌和下腹肌的最有效動作。而我的實驗表明：你絕對可以針對上腹或下腹來訓練。我知道麥吉爾（Stuart McGill）研究過肚皮舞者可以完美地分隔上腹肌或下腹肌，所以可能有某種神經機制可以透過大量時間學習來分隔兩者。我隨機觸診過練 RKC 平板支撐的人他們的上腹部和下腹部，就發現他們下腹部堅硬如石但上腹部卻沒有那麼硬，這與骨盆後傾的機制是一致的……未來的研究可能可以提供更明確的結論。」

CHAPTER

2

硬派呼吸法：
使用傳統武術功法來
收緊腰部

探舊是為了知新。

——船越義珍（日本明治時期著名空手道大師）

船越義珍，現代空手道的鼻祖。

我們要學習的第一件事情，就是如何以一種將內臟壓縮到足以製成鑽石的方式呼吸，這就是硬派呼吸法。據說這種呼吸法可以追溯到1500年前的達摩祖師，也就是傳說中的東方武術始祖。更重要的是，這樣的呼吸法得到了俄羅斯頂尖科學家的證實。❽

吹氣球測試，能證明硬派呼吸法多有效。請別自行嘗試，根據已故美國先生、大力士表演者唐‧羅斯
（Don Ross）的說法，如果你失手了，並且讓氣球內的氣壓（這氣壓可高達 272 公斤）返衝到你的
肺部，你可能會死於肺臟壓力性創傷（lung barotrauma）。這讓我想起了 AVM-1，一種古老的蘇
聯潛水裝備……不過這就離題了。

硬派呼吸法的 4 大好處

你應該學習硬派呼吸法至少有下列四個理由：

1. **為了提升全身力量。**
2. 為了更強而有力地啟動每一條腹部肌肉。
3. 為了背部的健康。
4. 為了更緊實的腰部。

第一點，為了提升全身力量。

在西方文獻中，你可能從未見過這種反射：肺–肌肉反射（*pneumo-muscular reflex*）。❾想像一下你的全身是一套音響組，你的大腦是黑膠唱針，而你的肌肉則是揚聲器，胸腔與腹腔中的特殊感壓受器（baroreceptors）會標記內部壓力，並調節肌肉張力，就像音量控制旋鈕一樣。胸腔與腹腔內的壓力越大，你的全身肌力釋放上限就越大，反之亦然。

經由數世紀的技藝傳承，武術家們已知曉並且掌握了這種強大的反射反應，那氣勢磅礡的「喝！」的功能可不只震懾對手，和提升了自己的鬥氣。大喝出聲的同時，軀幹肌肉會強力的收縮，並且壓縮胸腔的空氣，同時增加腹腔內壓（intra-abdominal pressure，簡稱IAP），使衝擊瞬間的腹腔內壓達到了峰值，大幅提升全身的力量。

第二點，為了更強而有力地啟動每一條腹部肌肉。

當你使用硬派呼吸法擠壓你的內臟，光是肺–肌肉反射就可以讓你的腹直肌與腹斜肌火力全開，而另外一種「肌肉應用程式」會隨之觸發，使周邊肌肉繃得更緊。當一條肌肉全力收縮時，這樣的激發會蔓延到周遭緊鄰的肌肉，使一整群的肌肉都振奮啟動，「團結就是力量」。因此，負責製造腹腔內壓的肌肉（如腹橫肌和腹內斜肌）一旦火力全開，也會帶動腹直肌、腹外斜肌一起開攻。

第三點，為了背部的健康。

承第二點，硬派呼吸法能同時刺激腹部眾多肌肉同步收縮，增強這些肌肉的肌力，進而為你的脊椎提供強大的支撐。事實上，你正在學習如何將腹腔內壓最大化，而這可為你的脊椎提供另一個如氣動液壓般的保護機制。想像一下，如果你的腹部像個充飽的輪胎，不像現在只是一堆內臟搖來擺去，你的脊椎將會多麼穩固有力！現在開始，你再也不需要靠想像，就能實現。[10]

第四點，為了更緊實的腰部。

硬派呼吸法所產生的阻力不僅能訓練到腹壁淺層肌肉，還能同時訓練到腹橫肌、腹內斜肌等「隱形的前線戰士」。

你應該已經聽過許多關於腹橫肌（transversus abdominis，簡稱TVA）對背部健康與讓腰部緊實美觀的重要性。雖然腹橫肌在上述兩件事情中都著實有用，但坊間常說的「收緊小腹」「把肚臍吸進脊椎」等等，多半是危險而且無效之舉。

硬派呼吸法怎麼做？

我們來做個小實驗。站起來，將肺中的空氣盡全力呼出，然後閉氣不再吸氣，並挺胸用力撐開肋廓。此時你的肚子會神奇地縮小收緊。這是怎麼一回事？撐開你的肋廓而不再吸氣，這使你的肺部僅剩的少量氣體占據了更大的空間，代表此時呈現低氣壓狀態。大自然討厭真空或接近真空的狀態，因此如果周圍沒有氣體可以補進去來解除低壓狀態，周圍的其他東西就會被拉進去以填補這個空間。你的身體也會本能地反應這樣的自然狀況，肚臍就會吸進去而呈現收小腹的狀態，這過程完全不需要腹橫肌出力。

不要因為跟風而傷了你的背

由於提高腹腔內壓對於脊椎在負重情況下的穩定性至關重要，「吐光空氣」這種策略顯然會在深蹲和硬舉中一敗塗地。從純粹的建築學角度來看這麼做也毫無意義：內凹的牆面支撐性比直牆面低，負重下會更早坍塌。我知道在1990年代時，吐光空氣這種策略曾在訓練界蔚為風潮，但遵行此道的選手除了受傷之外一無所獲，請別重演他們的錯誤。

即便舉得更重並不是你想要的，體態好看才是重點（你這個膽小鬼！），你還是必須在腹部訓練中提高你的腹腔內壓，因為這恰好正是腹橫肌的重要功能之一，腹橫肌就像一條大蟒蛇，牢牢地箍緊你腹腔內的所有東西。

我們已經花太多時間談理論了，現在來幹點正事吧。

站起來，膝蓋略微彎曲，將手指壓進腹直肌與腹斜肌，盡可能不要聳肩。觸壓肌肉可以讓你測量肌肉的張力，使肌肉繃得更緊。

以橫膈下壓來吸氣，大約吸到最大體積的½-¾。「……不是壓到上腹，而是將空氣壓入腹股溝，把氣往下壓……讓氣勁下至腳底……直穿地面。」空手道先師大山倍達如此說道。

如果你已忘了如何像孩子一樣用腹式呼吸，可以練練從格雷・庫克（Gray Cook，RKC認證）和布萊特・瓊斯（Brett Jones，RKC教官）等人愛好的「鱷魚式呼吸」。瓊斯解釋道：

以面朝下的俯臥姿勢趴著，將雙掌掌心朝下彼此交疊，墊在前額下。請確保胸部與手臂放鬆，並盡你所能把全身「攤平」，使頸椎保持中立、輕鬆舒適。

以鼻子吸氣，感受空氣經過胸部，向下進入「胃部」。當你做到時，就會感覺到腹部向地面推擠。這是自然而然地帶動，不需要刻意挺出肚子。

在開始下一個呼吸循環之前，將肺部空氣完全呼出。

注意要點：
● 呼吸時避免先擴張胸部，也要避免抬高肩膀。
● 用鼻子吸氣與呼氣，呼吸速率自然卽可，吸氣時吸至80%以上，呼氣時則盡可能排光。
● 呼氣時可以用嘴巴吐氣。
● 慢慢來別著急，呼氣與吸氣循環之間會有個自然的停頓。
● 當腹部向地面推擠時，地面會提供肌肉的本體感覺回饋，而此回饋也會引導你呼吸去帶動側腹與背部。
● 每個訓練階段開始時，先做20-30次呼吸，之後盡量找機會做3-5分鐘的呼吸練習。

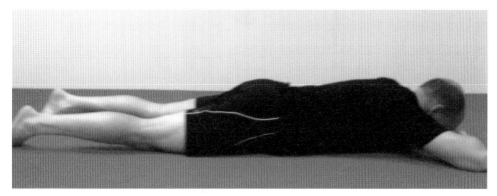

RKC 教官布萊特・瓊斯示範了「鱷魚式呼吸」。（照片由瓊斯提供）

強化骨盆膈膜的原因及方法

夾緊你的括約肌，如同便意來襲但廁所還離很遠時你該做的一樣。這項在多種武術流派中已修習了數千年的操練（提肛）有許多效用。在認識這些效用之前，你需要多了解一些解剖學知識。

把從胸骨到骨盆底部的區域想像成一個箱子。腹直肌（也就是六塊肌）是箱子的前壁，而各種背肌組成了箱子的後壁，腹斜肌則是箱子的側壁。箱子的頂部則是橫膈，這塊肌肉就像是針筒的栓塞一樣，當橫膈收縮並且往下拉時，此時肺部呈低壓狀態，這時做的就是腹式呼吸了。當你舉起重物，也是橫膈負責往下壓以增加腹腔內壓。而箱子的底部則是骨盆底肌群組成的骨盆膈膜，骨盆膈膜可以在你有內急時收縮夾緊，幫你爭取時間，免得拉一褲子。

在做肌力訓練的時候，我們會收緊骨盆膈膜，並在這期間使用「括約肌鎖定」。為什麼呢？

首先，為了健康。雖然腹腔內壓急遽升高時，骨盆底肌也會反射性活動❶，但額外地主動使用括約肌鎖定來確保肌肉收緊也沒有壞處。據說已故空手道大師山口剛玄在修練動態三戰勢的期間，因為沒有做好括約肌鎖定，患了重度痔瘡。健力界也有許多嚴重影響到健康的例子。增強骨盆底肌的肌力除了可以預防顯而易見的傷害，還能帶來更多本書主題之外的健康益處。

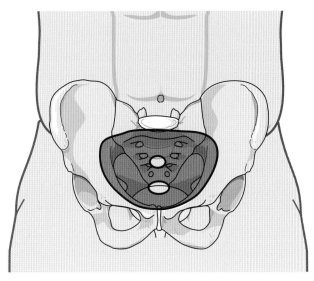

骨盆底

我的好友約翰・杜卡內（John Du Cane），同時也是為我出書的出版人，他花了數十年的時間鑽研中國傳統武術，提出下述訓練骨盆底肌的實用建議：

許多氣功與太極大師都建議，在練功的時候全程將會陰（肛門與外生殖器之間的區域）收縮提起，甚至建議你整天都這麼做。如果你養成了盡可能時常輕輕拉提會陰的習慣，你將該關鍵部位獨立出來的技術會越來越好，這對於肌力與能量的保留與發動都有幫助。當你在做特別劇烈的動作（如深蹲或鐵布衫功法），若更加專注於提拉會陰處，就能提升「鎖」的能力。

杜卡內透過鐵布衫功法中的動態張力與硬派呼吸法，練出了令人激賞的腹肌。

其次，骨盆膈膜能成為額外的「加壓器」，這能使我們獲得更高的腹腔內壓。

第三，骨盆底肌的收縮會反射性地擴大腹部肌群的張力，自動「點亮」腹直肌、腹斜肌和腹橫肌。[12]一些研究者充滿詩意地評論道：「……骨盆底肌都收縮，腹肌就浮現了。」[13]

鍛造殺手級六塊腹肌的
關鍵技巧

目前為止，你已經使用腹式呼吸吸進½-¾的空氣，並且同時做到收緊括約肌。
現在將舌頭往前抵住牙齒，嘴巴緩慢「嘶放」氣息，用盡全力收縮腹部。舌頭
用力抵著牙齒是很重要的步驟，這是為了盡可能縮小釋放氣息的出口。將你的
嘴巴想像成橡膠水管的出水口，如果出水口很寬，水會流出的時候毫無壓力。
但當你用舌頭抵著牙齒，試圖發出「呲呲呲呲」的聲音時（也可試著念我的姓
氏），此時就像你用拇指塞住水管開口，水流不出去，管內的壓力就會急遽上
升。加壓或硬派呼吸法的種類很多，根據作者經驗，這種「嘶放」呼吸法特別
適合用於鍛造殺手級六塊腹肌。⑭

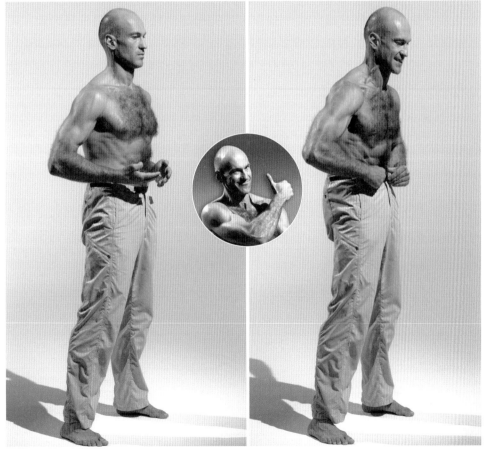

硬派呼吸法的側面示範。

別一口長氣嘶放掉肺中所有的空氣，而是用一連串短促而有力的嘶放方式，讓每一下的短促嘶放能逐步提升腹腔內壓。吸一口氣大概做5-10次的短促嘶放來吐光肺中的空氣，但不必費心去算次數。一次吸飽的氣吐光，就算一組。

隨著訓練時間的累積，若調整好每一組嘶放呼吸的次數與持續時間，就可讓腹部做出最有力的收縮。

當你呼氣的時候，脊椎會自然屈曲。不需要抵抗脊椎的屈曲反應，但也別刻意為之。要將腹肌徵召最大化，並不需要完全屈曲腰椎❶，若注意力放在刻意圓背，反而會降低腹肌收縮的強度。聽聽阿爾文‧科斯格羅夫（Alwyn Cosgrove）怎麼說：「試著找出能讓腹部肌群發力最大、下背部動作最少的捲腹動作，這就是腹部訓練的甜蜜點。」

每一組間要休息幾分鐘，否則等會兒你會眼冒金星。

無論哪一種硬派腹肌訓練的操練動作，收緊的壓力都維持在你的胸骨之下，而不是你的臉部、頭部及頸部的任何肌肉。這需要技巧，在你能控制自如之前，不要增加收縮的強度。

肩膀不要聳起。格雷‧庫克就深切觀察到許多人「以為頸部和斜方肌就是核心肌群」。別成為這種人。

過度的脊椎屈曲與骨盆後傾！

我們教的不是「硬派表情肌」也沒有「硬派斜方肌」，別再這麼做了！

在練習硬派呼吸的時候別急著將肺部空氣吐光，這麼做反而會使壓力下降；清空肺部的時間至少要超過5秒。別像上皮拉提斯課程時一樣噘起嘴唇。「發出嘶聲，這不是在親親！」跆拳道七段也是RKC教官的喬恩‧恩古姆（Jon Engum）笑道。

發出嘶聲，這不是在親親！

硬派呼吸法正面示範

一旦弄錯，就是浪費精力：產生最大肌肉張力的吸氣比例

以下討論吸氣與呼氣的深度。俄羅斯武術、肌力體能訓練專家維克多・波旁各（Victor Popenko）警告過：「肺裡的空氣過多或過少都不應該。」他解釋道，吸入過多的空氣也會阻礙腹部肌肉張力的最大化。事實上，俄羅斯的研究者就發現，當肺部進氣至肺活量的75%時，才能展現最大肌力。❶❻而進氣量不足也一樣糟糕。空手道先師上地完文就曾告誡：「當你呼盡肺部所有空氣時，弱點就出現了。」

然而，在練習上述硬派呼吸法的時候，你的脊椎不會負重，也不會有人趁機扁你（謝天謝地），你還是可以嘶放肺部所有空氣。如果你練對了，你的腹肌會有接近抽筋的感覺，這是因為當你將空氣擠出，你腰部的肌肉都會自然收縮，但別像個選美皇后一樣刻意的收小腹來製造假的腹橫肌啟動！

在你下一組硬派呼吸法中加入另一項硬派小祕訣：這一次你的臀肌也要用力夾緊，口訣：「夾硬幣。」

按照本書中的說明來操作，說有多重要就有多重要！這些精妙的小祕訣正是硬派腹肌訓練法的精髓所在，縱使是看似相同的練習動作，腦中的意圖不同就可能產生完全不同的效果。舉例來說，在一項研究中，當研究員在一項腹肌鍛鍊中加入了一組特別的指導語時，受試者的腹外斜肌收縮強度增加了約35%，而腹內斜肌則增加了80%呢！❶❼

增加「休息肌肉張力」的伸展方式

經由本書的訓練，腹肌的休息張力會迅速的提升。這是件好事，但前提是肌肉長度不能變短。接著我要教你如何在組間休息時伸展和放鬆腹肌，你可以從以下任何一項伸展運動來開始。

1. 仰臥在地，兩腳伸直，後腦杓置於地面上。用你的手刀輕輕地、有節奏地剁著你的腹部與側腹。

   接著，將手臂往頭頂伸展，盡可能把你的身體拉長，左右滾動並且側曲軀幹，藉此加強伸展你的整個腰部。

2. 眼鏡蛇式。俯臥在地，兩腳與肩同寬或更寬。將兩手掌移至太陽穴旁的位置，撐住地面。深吸一口氣，雙手手掌向下壓，手肘打直，雙肩不要聳起，盡可能拉長你的脊椎，從頭頂到腳趾都伸展開來。用力夾緊臀肌（這對保護背部十分重要），並把胸部開到最大。髖部往左右兩邊移動，再往左右轉動，藉以「撬開」大腿根部的髖屈肌群，同時伸展腹肌。

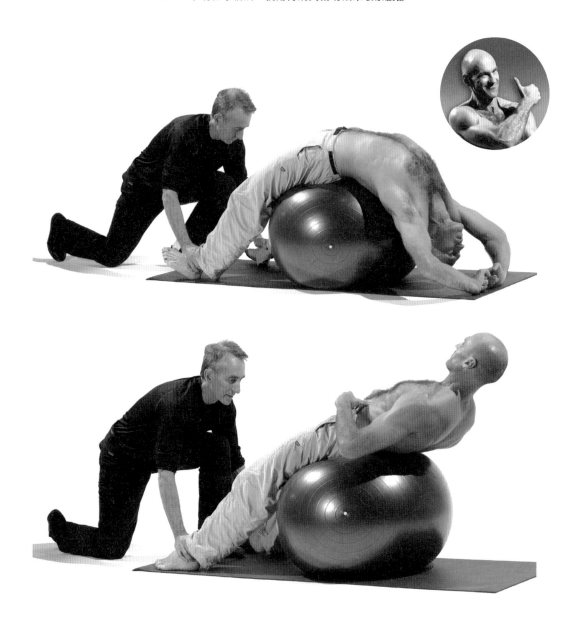

3. 仰臥在瑜珈球上，兩腳掌可以勾住沙發下緣，一來可以放鬆，二來也不用擔心摔得人仰馬翻。「拉長」脊椎，伸展雙臂，打開胸廓，並用力夾緊臀肌。頭頸部也放鬆懸吊。髖部往左右兩邊移動，再往左右轉動，藉此伸展腹肌，並進一步拉長脊椎。如果有必要，可以手抓物品來協助平衡。以放鬆、自然的方式呼吸——這與硬派呼吸法完全相反。

伸展結束要起身以前，為了安全起見，舌頭抵住上顎，臀肌夾緊，捲腹收緊腹肌，然後才可坐起。

運用古老的空手道祕訣，增強腹部力量

讓我們用一種古老技術來為硬派呼吸法練習錦上添花，這種技術我稱之為「空手道臍功法」。空手道先師中山正敏訓誡道：「為追求更好的力量與穩定性，必須去感覺，讓肚臍到肛門的距離越短越好。」這的確是另外一種能讓骨盆底肌群啟動更徹底的指導語。除了收縮括約肌，骨盆底肌群還有收緊尾骶骨的功能，這能製造出麥吉爾教授所謂的「超級剛性」（superstiffness）。

一開始練習本技巧時，要把膝蓋打直，以免你透過骨盆後傾來作弊。❸當你練習硬派呼吸法時，想像尾骶骨與肚臍盡可能的靠近，同時維持雙腿打直，並拉高你的髕骨（膝蓋骨）。這時用力夾緊你的臀部，想像有顆核桃在兩片屁股中間，壓碎它。練習一段時間後，一旦你理解了這個微妙的要訣，你就可以稍微鬆開膝關節，並且製造適度的骨盆後傾來訓練。

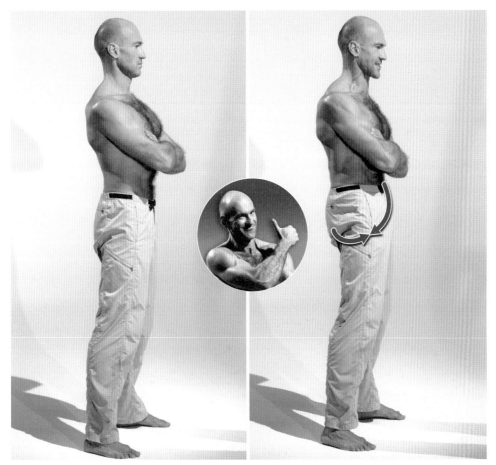

膝蓋打直。注意第二張照片中「空手道臍功法」如何在膝蓋打直的狀況下巧妙改變姿勢。

空手道臍功法不僅讓腹肌鍛鍊更有效，還能讓你在軍事推舉和引體向上等訓練動作明顯進步。此外，也讓你在軍事推舉時能更安全，不會傷到下背。我們在多數硬派腹肌運動中都有這個步驟。我必須再次提醒：這套訓練系統之所以有效，都仰賴這些訣竅。

有趣的是，骨盆底肌群過度鬆弛無力或太過緊繃，都會導致健康出狀況，甚至會讓骨骼出現問題。因此，肌力訓練與伸展兩者一定要取得平衡。以骨盆底肌群來說，做些深蹲，就足以伸展。

傳奇教練丹・約翰（Dan John）的高腳杯深蹲是伸展骨盆底肌群的好方法。

如果你的髖屈肌（也就是大腿最靠軀幹端的肌肉，負責抬高膝蓋）太過緊繃，會阻礙你使用空手道臍功法。以下動作可以用來伸展髖屈肌，請伸展後再重新體悟這強大的空手道技術。要如何判斷自己的髖屈肌是否太緊繃？答案是透過姿勢來判斷。筆直站好，請朋友從側面觀察你的姿勢。如果你的下背部明顯拱起，臀部翹高，那你就中鏢了。如果站直時無法打直膝蓋，那你也中鏢了。

搭配 RKC 專利髖屈肌群伸展，優化你的腹肌訓練

我在已發行的書籍與DVD中已示範過好幾種有效的髖屈肌伸展動作，而以下是RKC肌力學院最新開發出的另一種變化版本。先做單膝跪式弓箭步姿勢，跪地後腳的膝蓋下墊著枕頭或軟墊。請別因為你是個硬漢就不用軟墊，膝蓋的不適會分散你的注意力，並影響到你的放鬆伸展。

RKC 髖屈肌伸展 2.0

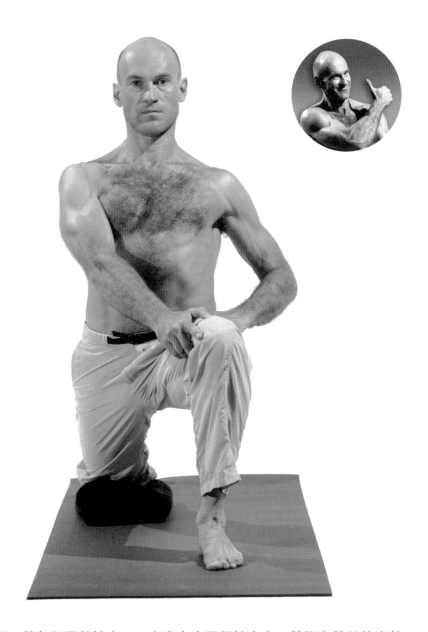

整個伸展過程，髖部都要保持水平，上半身也要保持直立。雙腳和雙膝的姿勢就像穿上越野滑雪板那樣，要平行朝向前方。換句話說，身體任何部位都不該翻轉或扭動超出滑雪板的外圍。你就想像兩膝之間夾著一件物體，這樣可以幫助你保持筆直朝前。

照著本圖的示範，我們先伸展你的右側髖屈肌，你的左腳會在身體前方。由於前腳的脛骨要垂直於地面，當你將重心放低、前腳膝蓋向前移動，過程中你可能需要將前腳再往前踏一步。

RKC 髖屈肌伸展 2.0

你的左手可能會需要扶著東西來保持平衡。手扶的物體一定要擺在身體左側而非前方。

將右手臂打直,並扶在左膝內側,接著將身體往後推,使上背部完全挺直。抬頭挺胸,RKC教官丹‧約翰會這麼提示你:「像為自己感到驕傲那樣。」在伸展的過程中,右肘必須持續打直,藉以防止你的軀幹向前傾倒,使伸展效果大打折扣。

將你的骨盆後傾:讓你的肚臍轉向天空方向。在伸展的過程都要有這個傾向,縱使不可能真的轉動,至少也要保有這個意念。

有許多種不良伸展方式的姿勢會使你的髖屈肌伸展毫無效率可言。

兩側臀肌出力夾緊，並且將骨盆往前推。請注意，要往前推的是骨盆而不是胸部！必須是髖部朝前傾，而且你的大部分重量必須落在後腳膝蓋上。

你會感覺到右大腿根部有伸展的感覺。此時你需要做的就是放輕鬆，讓骨盆下沉。這需要耐心，順勢讓肌肉放鬆伸展，不需要刻意為之。

和緩深長地呼吸。任由肺部空氣隨著放鬆嘆息釋放出來——這與硬派呼吸法相反。透過「將所有的緊繃都吐出去」的具象化意念，也可以幫助緊繃的髖屈肌群放鬆。

只要你還能忍受，就不用中斷伸展。每一邊伸展2-3次，可以每天都做。你可以在訓練組間休息時接著伸展，只要間隔休息幾分鐘即可，或者分散到一整天當中也可以。

硬派呼吸法的練習時機和次數

回到使用硬派呼吸法來鍛鍊的腹部訓練。以下提供能強化腹斜肌的變化版本。不要向前捲腹，而是將左手肘往下壓，並盡量低至骨盆處，就像打鬥時，對手一記毀天滅地的迴旋踢掃來準備踢斷你的肋骨，而你要架起手臂防禦時所做的那樣。在不旋轉脊椎的狀況下，盡量縮短肋骨下緣與左骨盆前髂脊之間的距離。左邊一次，右邊一次，而原版的向前再一次。

如果要進階，你可以增加組數（在一定的範圍內）。但是增加反覆次數就大可不必。一旦你在組內練到疲累，所能製造的肌肉張力就會大大降低。而此時潛意識就會告訴你的身體：「不用出這麼多力，後面還有好幾下要做呢，先省點力吧！」

將舌頭頂住牙齒的力量加強，縮小出氣口，可以增加硬派呼吸法的強度。根據白努利定律，當出口的直徑減半時，氣體流動的阻力將增加4倍。

硬派呼吸法幾乎可以每天練習，也可以將練習分散到一整天，比如說每個小時做一組。這類型的訓練很容易恢復，因此不會影響你的專項運動和肌力訓練。每一次都要聚精會神地做，並記得拉長組間休息的時間，組間休息時間不夠的話很容易頭暈目眩。維持腹腔內壓，別讓壓力上竄到肩、頸、頭、面部。每一組做完，記得伸展你的腹肌。

除了本書的訓練法，請別摻雜著做其他的腹部訓練，這點我很堅持。但其他部位的肌力訓練，你可以像往常一樣繼續做。

飲食方面，請吃得像個俄羅斯貴族或俄羅斯帝國軍團的成員一樣，如同列夫‧托爾斯泰在19世紀後期的巨作《安娜‧卡列尼娜》所述：

弗隆斯基比平時更早到食堂吃牛排。由於他的體重剛好低於規定的160磅（約73公斤），所以他沒必要接受魔鬼訓練；但為了避免發胖，他避開甜食和澱粉類食物。

經過2週的生活和訓練，你應該會發現到你那「可愛的肚肚」有了顯著變化。在我們進入下一階段以前，請在www.DragonDoor.com論壇上留言給我，讓我知道你做得狀況如何。

腳注

⑧ | Zatsiorsky（1995）。

⑨ | Zatsiorsky（1995）。在一些俄羅斯研究資料來源中，例如伊雷因（2003），這被稱為內臟動作反射。

⑩ | 「腹腔內壓在肌肉出力期間會升高，尤其是伐氏操作（Valsalva maneuver，吸氣後閉氣用力加壓）期間。由於脊椎內側的支撐（腹腔內壓所提供）增加，使得椎間盤上的平均壓力可降低 20%，極端情況下可降低 40%，脊椎內側的支撐可以想像成是腹腔球體的機械作用。」（Zatsiorsky, 1995）

⑪ | Floyd 和 Walls（1953），Cardus 等人（1963），Scott 等人（1964）。這些注解與其他一些對西方研究的引用，可以追溯到 Basmajian 和 De Luca 合著的《活的肌肉：由肌電圖揭露肌肉的功能（第五版）》（Muscles Alive: Their Functions Revealed by Electromyography, 5th ed., Williams & Wilkins, 1985）。

⑫ | Sapsford 等人（2001）。

⑬ | Bors 和 Blinn（1965）。

⑭ | Zatsiorsky（1995）所引用的研究中使用的「Darth Vader 呼吸」，在練習中立脊椎的穩定性上似乎會更合適，例如在平板式中。但這並不用於硬派腹肌訓練法中，因為這不能充分徵召腹直肌。

⑮ | Sarti 等人（1996）。

⑯ | Seropegin（1965）。

⑰ | Karst 和 Willett（2001）。

⑱ | 我們要做的技術名為「骶骨內收」。這意味著將你的「尾椎」收進骨盆正下方。不要將此與骨盆後傾混為一談，骨盆後傾是相對較粗糙的大動作，像是整「碗」骨盆向後傾斜。雖然有助於促進更強烈的腹肌收縮，但此時將骨盆後傾只會分散你對更精細的骶骨內收的注意力。

CHAPTER

3

硬派仰臥起坐：
不用髖屈肌出力
而真正鍛鍊腹肌的練法

肚子會提醒一個男人他並不是神。
——弗里德里希・尼采

脊椎前屈

髖屈肌群就是無法不管腹部肌群。

腹直肌或是大家說的「六塊肌」，是恥骨連結到胸骨的肌肉群。當這條肌肉收縮，將縮短骨盆到胸廓的距離，使背部變圓，就像在做捲腹那樣，這個動作稱為「脊椎前屈」。

傳統的仰臥起坐會帶來傷害

腰大肌的起點在下背部椎骨的內側，一路走到股骨的頂部內側。當這條肌肉收縮，會像把折疊刀般彎曲髖部。當你做一般的仰臥起坐，實際上是從腰椎將自己拉起來，這可能會誘發背部疾患或加重現有的背部疾患。

當你做一般的仰臥起坐，實際上是從腰椎將自己拉起來。

（一些能「欣然」接受整體式肌群訓練而不能接受孤立式訓練的初學者，他們嘴邊常掛著這樣的天真觀點：「我想要我所有的肌肉都很強壯，腰大肌和腹肌我全都要！」很好，但你必須先讓你的腹肌強壯到足以平衡腰大肌的張力，你才有加強腰大肌的權利。我並不反對腰大肌也要強壯，但我更支持肌力平衡發展。）

在平板式大流行之前，「解決方案」是避開一切髖屈動作或仰臥起坐，並且只做脊椎前屈，也就是捲腹。因為捲腹時不會活動到髖關節，所以這動作中腰大肌沒有參與到其中，所以能放過下背部一馬。你想的太美了。

醫療上已有定論，捲腹過程中不可能完全排除對髖屈肌的徵召。[19]對於動作有缺失或腹肌無力的人來說，更是如此。腹肌較弱的人做仰臥起坐時，會更依賴較強壯的髖屈肌，因為無法透過腹肌來彎曲背部，讓軀幹離開地面，因此會自動使用髖屈肌來猛扯脊椎，借力代償！就算你不是研究火箭的科學家也會知道，這樣的訓練對於腹肌來說毫無價值，並且對脊椎健康有害。（縱使這個人有正確安全的動作模式，能正確使用腹肌，並最低限度地使用髖屈肌，除非他具有異於常人的「肌腦聯結」，不然捲腹也無法讓他產生足夠的張力來讓這一切成為有效的腹肌鍛鍊。）

太弱或不夠協調的同志，就算是捲腹這個動作，也會使用腰大肌來亂扯自己的脊椎。

揚達版的仰臥起坐的出現

捷克共和國的醫學博士弗拉第米爾・揚達（Vladimir Janda）從根本解決了髖屈肌參與動作的問題，揚達博士是世界衛生組織的復健科顧問，也是背痛問題的世界級頂尖專家。揚達博士利用相互抑制（reciprocal inhibition）的神經現象來使腰大肌放鬆。當一條肌肉收縮，其拮抗肌（相反的肌群）會相對放鬆。這關乎運動效率。如果不這樣，就會有點類似同時踩著剎車和油門。

揚達博士重新設計了仰臥起坐的動作，使髖伸肌群、腿後側肌群以及臀大肌都得以被啟動。相互抑制的機制一旦發生，就會放鬆髖屈肌群。而結果是：下背壓力解除，同時使腹肌「孤立」！但這樣的練習非常的辛苦。脊骨醫師喬瑟夫‧霍利根（Joseph Horrigan）就曾提到，有些奧運選手甚至撐不到幾下。

而我就揚達博士版本的仰臥起坐再做了一些改良。歡迎加入硬派仰臥起坐。

為何我要改良揚達博士版本的仰臥起坐

除非你是個書呆子，不然可以跳過不讀啦。

這個捷克醫生的版本是讓他的受訓者使用標準的屈膝仰臥起坐／捲腹姿勢，並且請一名訓練夥伴將雙手放在受訓者的小腿下方，並且輕輕向上提起。當受訓者欲捲腹坐起，就必須同時用他的足跟鑽向地板，並將雙腳腳球（蹠骨球）往下抵住訓練夥伴的膝蓋——這是等長（isometric）收縮的提踵動作。

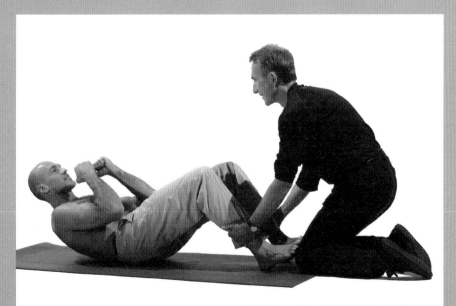

揚達版仰臥起坐

要將足跟往地板鑽的目的很明顯，就是徵召髖伸肌群，從而抑制髖屈肌群。而腳球推動的動作則會透過誘發步行動作時的肌肉協同作用，增強對髖伸肌群的徵召，至少理想中應該是這麼運作。然而，在近期的研究中卻發現，揚達版本的仰臥起坐竟然比普通版本的仰臥起坐更能夠徵召髖屈肌群……[20]

以下是我認為揚達版本的失敗之處。受訓者被提示要將腳掌往臀部拉，用以啟動腿後側肌群。我們都知道腿後側肌群的兩大主要功能是髖部伸展和膝部屈曲。當受訓者被要求腳後跟往尾骨方向移動，你認為此時會鍛鍊到哪個動作？勢必是膝部屈曲。而與屈膝動作協同的髖部動作正好是屈髖。

我還觀察到，遵循揚達博士指示語的受訓者可能會為了達成腳跟向地板鑽的指令而出錯力，誤將腳球向上勾而非向下推，並卡住了腳跟，導致這項練習實際上變成了傳統的壓腳式仰臥起坐。

無論我的想法對或不對，我就揚達版本仰臥起坐做了一些簡化和更改。我將這套練習動作稱為「改良版揚達仰臥起坐」，而後我遭受了一些抨擊，來自於熟悉這項已故醫師發明版本的醫學專家。他們爭辯：「改成這樣幾乎沒有揚達味了。」好吧，那麼從現在開始，我的版本就叫「硬派仰臥起坐」。

我的版本是全方面的仰臥起坐。我當時預期這麼做會比捲腹製造更強的腹部啟動作用，而我們後來在麥吉爾教授的實驗室證實了這一點。一種可能的解釋是：「仰臥起坐中的髖屈狀態對腹部提供很強的阻力。髖屈肌群在骨盆上用力往下拉動時，腹肌也正努力維持軀幹前屈和骨盆後傾。」[21]

很顯然我們不可能在完整的仰臥起坐中完全排除髖屈肌群的參與。但無論人體機制如何作用，已有大量紀錄證明，硬派仰臥起坐可鍛鍊出堅不

可摧的腹肌,同時保持下背舒適。有可能是髖屈肌群沒有像其他版本的仰臥起坐那樣猛扯,但更可能是腹肌的收縮強度更高,平衡了髖屈肌群對脊椎的拉力。無論如何,這套就是有效。

背部之所以可以保持舒適,可能是因為臀大肌的收縮比較多。[22]另一種讓訓練者在仰臥起坐中免於背痛的可能機制則是:慢性背痛患者難以徵召腹內斜肌。[23]研究顯示,強化腹內斜肌的運動可以幫助背痛患者,因為腹內斜肌有協助穩定脊椎的作用。[24]我們在麥吉爾教授實驗室內的測試結果顯示,在硬派仰臥起坐中,腹內斜肌的徵召強度達到了 100% 的最大自主收縮強度(maximal voluntary contraction)。或許是這套練習法喚醒了這些肌肉動作功能失調的人的腹內斜肌?

不管真正的機制為何,硬派仰臥起坐就是有效。

「我的整復師告訴我,應該買這項『器材』,並且要停止本來在做的仰臥起坐。我已使用了帕氏仰臥起坐鍛鍊神器 2 週(練一休一),背痛都消失了。這兩週內我也同時有做同捆包內的背部伸展運動。根據整復師的說法,這些都對我有幫助,所以我願意繼續實行下去。」
——馬克‧西爾柏格(Mark Hilburger),
上地流空手道習練者

「我今年 56 歲……這幾年來,每當背痛發作,我會拿出我的帕氏仰臥起坐鍛鍊神器,好好練上幾段,就會發現我的背痛消失了。腹肌強壯的感覺真好。」
——來自密西根的羅伯‧德魯里(Rob Drewry)

硬派仰臥起坐會保護你的背部

首先，我們先伸展你的下背部（請先確定你不是脊椎屈曲不耐〔flexion intolerant〕）。揚達博士觀察到他的病人有些會在腹肌鍛鍊中感覺到下背緊繃，而伸展能幫得上忙。

伸展永遠都是打赤腳進行。膝蓋維持接近打直狀態，緩慢且盡可能地彎下腰。放鬆頸部，不要抬頭。視線往雙膝後方看去，而不是看你的腳掌。

吸氣，腳趾抓地，收緊身體後側（背部、臀部和腿後側）的肌肉。想像一下你的身體就像一顆握緊的拳頭，當然此時握緊拳頭還真的有幫助。

維持全身繃緊的張力，同時閉氣，保持一秒鐘，然後瞬間放掉身體張力，吐掉所有空氣。你會再往下彎5公分左右，伸展得更徹底。我很喜歡賈德・比亞修脫博士（Judd Biasiotto）對這種收緊／放鬆過程的意象化敘述：「你必須瞬間徹底放鬆⋯⋯想像一下自己用盡全力將一塊巨石推下陡峭懸崖。當巨石被你推過懸崖邊緣，你不再面對阻力，此時你全身的張力瞬間停止。這種巨石掉落後的虛無感，就是你『關閉電源』時所努力獲得的輕鬆感。」大吐一口氣，再重複做一次繃緊、釋放。要注意的是，繃緊全身和吸氣的時候別縮回來，要維持同樣的伸展深度。

當你無法再加深動作的幅度，就先彎曲膝蓋，站起來之後，繃緊臀部肌肉。挺身站起之前，先彎曲膝蓋，這對下背安全十分重要。

伸展放鬆：下背與腿後側伸展。

準備好開始硬派仰臥起坐了嗎？雖然看起來人畜無害，但要當心別被生吞活剝了。就像蘇聯領袖的保鑣，長相普普通通，沒有粗大的脖子、肥厚的指節，身上也沒怵目驚心的疤痕。他們穿著體面的西裝，知曉如何在國家招待會上優雅地使用銀製餐具。在無害不起眼的外表背後，隱藏著一刀封喉的絕技。

硬派仰臥起坐需要一位訓練夥伴或一些器材。讓我們從有訓練夥伴的版本開始講。先做到標準屈膝仰臥起坐的最高點姿勢，膝蓋呈90度彎曲，兩腳掌平放在地上。請你的訓練夥伴用條毛巾勾在你的小腿中段處拉提。也許他會想用手拉，但請他使用毛巾，因為用手拉會不知不覺中幫助你作弊！請他以45度角的方向拉提。一開始4-5公斤的力量就足夠了，稍後可以再往上加。訓練時別穿表面光滑的衣服，那些娘爆了的萊卡布料就更不用說了。

硬派仰臥起坐的起始姿勢。這項訓練看似人畜無害。

硬派仰臥起坐這樣增強肌肉張力

俄羅斯的研究顯示，先離心收縮（eccentric contraction），再接著等長收縮，所能產生的肌肉張力會最大。[25] 所以在硬派仰臥起坐中，你要從最高點開始向下躺。加州大學洛杉磯分校教授勞倫斯·莫爾豪斯博士（Laurence Morehouse），負責NASA太空人的肌力及體能訓練課表設計，他經由肌電圖研究，也證實了這樣的仰臥起坐有助於腹部肌群的啟動。

在硬派仰臥起坐的最高點姿勢，你的下背應該輕微彎曲，骨盆略為內收。所謂稍微，就是不要刻意用力。吸一口氣，使出空手道臍功法，夾緊臀部，將雙腳腳掌往地板踩下去。接著做硬派呼吸法，隨著一連串熟悉的嘶放聲，直到你排空肺中的大部分空氣，肚子也達到良好的收緊狀態。你的最後一下嘶放聲應該要像咳嗽❷❻或空手道中的吶喊「Kiai！」那樣響亮。丹‧約翰半開玩笑道：沒有比嘔吐還要更好的腹肌訓練了。努力模仿出那種感覺，但不要真的去嘗試沒煮熟的雞肉。

當你伸手向前會感到吃力，也不要圓肩。善用上背部肌群來保持肩膀對齊。

要讓腹肌收縮更強，可以使用以下技巧。㉗雙手向前伸直，兩手掌上下交疊。保持雙肩向下，兩手掌上下相互用力貼緊。如果你知道如何外旋肩關節，並收緊肩胛骨，就加進來做。這將會使你的闊背肌出力，並喚醒你所有的腹部肌群。伸手向前時，不要圓肩（當你覺得吃力，這個動作可能會出現）。你會發現，必須使用上背的各種肌肉來使肩膀保持對齊。

當你真的夠強壯，你可以試著將硬派仰臥起坐改成更難的版本：將兩手手掌上下交疊，抬起雙臂，使雙手上臂貼著兩邊耳朵。雙手手掌持續用力貼緊。

緩慢才是殘酷

緩慢往下躺。我先定義一下何謂「緩慢」。並不是要做很誇張的10秒反向動作，而是緩慢到足以消除所有衝力，並使肌肉張力最大化。如果你夠強壯能符合這樣「緩慢」一路回到地板，大約需要3秒鐘，這個時間會和你為了再挑戰一次而從地板自然起身的時間相同。在硬派訓練法中，我們是用一種高負重狀態下移動的方式去做動作，如同從容不迫徒手拉動數十噸重拖車的大力士一般，而非誇張地慢動作。請避免養成以下壞習慣：緩慢往下躺到一半，遇到停滯點就害怕再往下加深，於是停滯在半空，等力竭後再垮掉。硬派訓練不來這套。

以中等程度的緩慢向後躺，過程中不要放掉任何一點腹部和臀部的張力。呼吸要像「嗅聞」，或如已故的梅爾・西夫博士（Mel Siff）所教的「啜飲」空氣，但不要深呼吸，這會使肌肉收縮變弱。如同一些空手道流派所形容的「盾牌下呼吸」。深呼吸會減弱肌肉張力，而長時間在強大張力狀態下閉氣也不健康。「盾牌下」的短吸短吐是個最好的折衷解法。一如往常面不改色，放鬆頸部和斜方肌。你可能無法完全放鬆這些肌肉，但要盡力而為。

這是我們在 RKC 壺鈴教官培訓課程中教授「盾牌下呼吸」的方法。

抵抗夥伴施加的毛巾拉力，繼續用力將腳跟鑽進地板。你的腳掌不能飄起來，也不能向臀部移動，有這些徵兆都代表你的髖屈肌群在作弊。如果你的身體滑向你的腳掌，那也是髖屈肌在作弊。持續收緊你的臀肌！

當你遇到了不得不讓腹肌和臀肌放鬆才能繼續往下的困境，請在那個點上暫停片刻，而後緩慢施力回上來。上來的動作請放慢，並保持「盾牌下呼吸」。當你到達最高點時，再做一次我們已經熟練的一連串嘶放聲，將肺部的空氣一口氣排空。

為腹部肌肉增加伸縮彈性

俄羅斯的研究❷❽顯示，在動作的順從階段（yielding phase）是否有能力儲存且再利用施加到肌肉上的張力，是菁英運動員和陪榜魯蛇的區別。把你的腹部肌群想像成橡皮筋，當你在下降時拉長腹肌，就是在為腹肌施加回彈的張力。

緩慢往後躺。

在你失去張力快垮掉之前，向上回到最高點。

以下引述麥吉爾教授的話，雖然有點斷章取義，但應該有異曲同工之妙：「腹壁的功能就像彈簧一樣，而訓練腹部也應當如此。」

做3-5下，而後休息3-5分鐘。

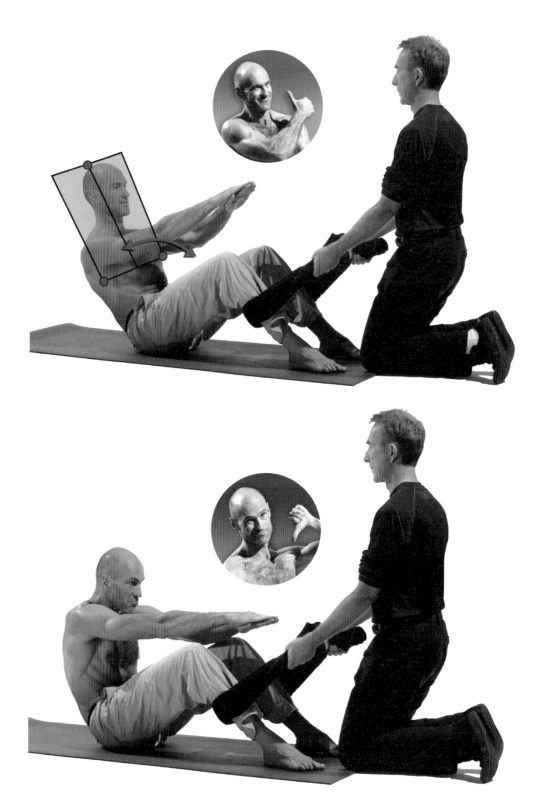

將你胸骨以上的身體部位視為一剛性物體，專注於將胸骨抬離地面，向上且稍微往腳掌方向移動。

再次提醒：持續收緊你的臀肌，一分一秒都不要放鬆。

如果你的小腿抽筋，那是正常的。如果你的水分補給充足，電解質補給也到位，小腿在幾次訓練之後就會適應。

在下一組加入另一項小訣竅，可以讓頸部更舒服一些。借用麥吉爾教授的比喻：「將頭頸部想像成胸椎上的一塊剛性物體。」換句話說，你是隻昆蟲，在胸骨以上是一節體節，這部位無法活動！好啦，實際上你無法完全避免此區域的所有動作，但必須盡力而為。

首先，告別那些常見的仰臥起坐壞習慣，也就是別縮下巴，也別捲曲上背。修正之後告訴自己：我不是懦夫，並發誓永不再縮著下巴。將你胸骨以上的身體部位視為一剛性物體，專注於將胸骨抬離地面，向上且稍微往腳掌方向移動。

再次提醒：重點在於抬起胸骨。雖然你的脖子不該有動作，但可將視線向下落於兩腳掌之間，這樣會反射性增加腹部的收縮。持續收緊你的臀肌，要學會把臀肌與腹肌視為同一塊肌肉來啟動，這可是體操運動員那可怕上肢力量的祕密所在。

你可能會疑問：那骨盆與下背呢？如果你按照指示持續收緊你的「屁屁」，維持雙腳掌在地板，並以夠慢的速度執行動作，就無須擔心骨盆與下背部。你的脊椎會屈曲，骨盆會在適當程度下收緊並後傾。最終，當你的協調性進步了，你的臀部和骨盆會感覺像是個充飽氣的、能平穩滾動的輪胎。

別用力彎曲脊椎或傾斜骨盆！記得科斯格羅夫的話！（見第40頁）

骨盆後傾和脊椎前屈在腹部訓練中的作用

閱前警告：這段超級無聊。你可以隨意跳過這段，或乾脆拿這時間來做一組硬派仰臥起坐。

為了確保不雞同鴨講，所謂的「中立」骨盆，指的是你站直時骨盆所處的姿勢。如果將骨盆想像成一個碗，放一點湯到碗內，如果湯積在前方拉鍊處，那便是骨盆前傾，如果湯積在屁股口袋處，那就是骨盆後傾。

佛科軒斯基博士（Dr. Verkhoshansky）和西夫博士（Dr. Siff）兩位運動科學大師解釋道：

在運動員發力的效率和安全性中，骨盆扮演著極具重要的角色，因為骨盆是脊椎和下肢間的樞紐……<u>中立的骨盆姿勢是坐、站、行走中壓力最小的姿勢</u>。

唯有要抵抗或舉起的體外重量（或自身體重）提高時，才有必要前傾或後傾。卽使是為了避免脊椎過度前屈或後伸，我們也只會讓骨盆小幅度前傾或後傾……做仰臥起坐和在腰部以上高度抬舉重物，<u>骨盆後傾</u>就是適度的骨盆旋轉。反之……做深蹲和從地面上抬舉重物，<u>骨盆前傾</u>就是正確的骨盆旋轉。㉙

骨盆的傾斜

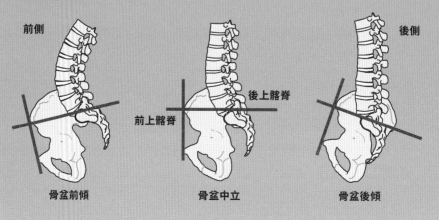

前側　　　　　　　　　　　　　　　　　　　　　後側

後上髂脊

前上髂脊

骨盆前傾　　　　　　骨盆中立　　　　　　骨盆後傾

也就是說：體外負重會把脊椎和骨盆往某個方向帶，這時請努力將骨盆往反方向帶。當你從舉重臺上舉起大重量時，槓鈴上的重量會驅使你的背部變圓而骨盆後傾，因此舉重教練會不斷對著他們的選手咆哮，要他們拱腰，並且翹起屁股。另一方面，當你做倒立、仰臥起坐或其他任何涉及到髖關節屈曲的腹部運動，你的脊椎注定會過度伸展，骨盆會想要往前傾。這就是為什麼體操教練總是大吼大叫，要選手們夾緊屁股，倒立時別彎得像條香蕉！這與舉重教練在選手做出圓背上膊時的怒吼相比，毫不遜色。體操選手在許多強力動作中（如十字支撐）也會使用這樣的對應技術——骨盆後傾時，腹部和臀部的張力最大。因為在這個所謂的「屈身姿」（hollow position，請見右圖）讓他們施展了不可思議的力量。（順道一提，屈身姿以及腹橫肌屈 [transverse abdominis hollowing] 毫無關聯！）

體操選手的屈身姿

將重物抬離地面時的正確（左）和錯誤（右）骨盆姿勢。

倒立時的正確（左）和錯誤（右）骨盆姿勢。

必須注意的是，雖然舉重和體操動作會大大提升相關領域的力量和安全性，但如同 RKC 教官馬克‧瑞福凱德所警告，你不應該「以競技姿勢過生活」。如果訓練導致你的身體姿勢改變，讓你開始走路時刻意挺出肚子、翹著屁股（就像許多美國人、沙發馬鈴薯、和一些運動員一樣），總有一天你會受傷。菁英短跑教練巴里‧羅斯（Barry Ross）透露了常見的腿後側肌群拉傷的祕密：「骨盆前傾會刺激坐骨神經，並且導致腿後側肌群拉傷或撕裂。教練和運動員通常會認為腿後側肌群痠痛是缺乏伸展所導致，然而事實上腿後側肌群的疼痛是受骨盆前傾所影響。足夠發達的腹肌是糾正此問題的必要條件。」而骨盆前傾的另一個惡趣味是導致背痛。

骨盆傾斜姿勢

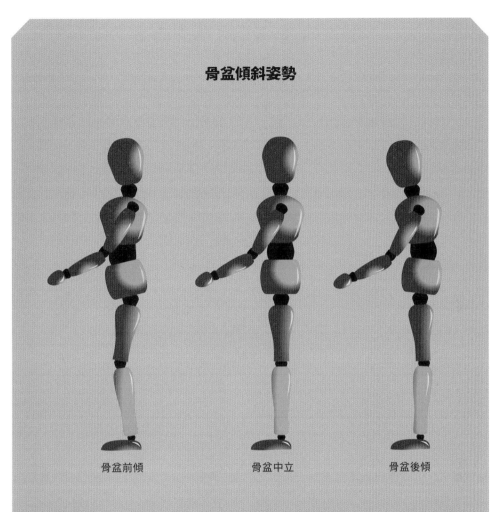

骨盆前傾　　　　　　　　骨盆中立　　　　　　　　骨盆後傾

這種情況下所需的矯正工程，包括了加強腹肌和外斜肌、啟動臀肌、伸展背部肌群和髖屈肌群等等。而硬派腹肌訓練法涵蓋了以上的所有內容，訓練後你的醫師很可能會給你兩個讚。值得注意的是，85% 的男性與 75% 的女性都有骨盆前傾的問題！㉚

另外一方面，如果你是因為遺傳或生活習慣導致骨盆後傾（6% 男性與 7% 女性）㉛而有平背問題，那麼你應該暫時不要加入硬派腹肌訓練計畫，除非你先透過為你專門設計的矯正運動計畫，先使脊椎恢復中立。一旦你的脊椎回到中立正位上，就能開始進行平衡的訓練計劃，包括硬派壺鈴。

一直保持著骨盆後傾和平背問題的姿勢過生活也不是件好事，因為長時間的脊椎前屈會導致各種背部和頸部問題。但是，如果想要將你的腹肌練到極致，那麼你必須在訓練時短暫地進入這種姿勢。坦誠公開：世界頂尖脊椎力學專家麥吉爾教授並不喜歡脊椎前屈。根據他的研究，脊椎前屈是下背傷害的常見原因之一，這也是為何在他的核心肌群訓練處方中，訓練動作只有固定的中立脊椎活動。如果你剛好是專家所謂的「屈曲不耐者」（flexion intolerant），那麼除了硬派呼吸法以外，硬派腹肌訓練計畫可能不適合你。可以從 www.backfitpro.com 網站上訂購麥吉爾教授經典的《終極背部健身和運動表現》（Ultimate Back Fitness and Performance），並遵循好醫生的指導來訓練。

查德・華特布里博士（Chad Waterbury）向麥吉爾教授和我示範，應避免這樣的脊椎前屈動作。（照片由華特布里博士提供）

麥吉爾教授認為每個人的脊椎前屈耐受程度都不同㉜，如果你已知風險，並且渴求世界級的腹肌，請繼續閱讀。

現在正是時候來解釋，為何硬派腹肌訓練法中有著脊椎前屈和骨盆後傾的操作。

如果你想打造最強壯的腹肌，那麼至少有三個屈曲脊椎的理由。

第一點，俄羅斯科學家雖然支持等長訓練，但他們得出的結論是，如果只使用等長收縮的方式訓練，那麼你會無法達到肌力潛力的天花板。想碰到那個天花板，向心、等長和離心收縮都需要練。㉝

第二點，硬派腹肌訓練計畫的其中一個目標，是腹部肌肉的肌原纖維性肥大。研究和實證經驗都顯示，等長收縮訓練對於肌肥大成效不彰。

第三點，肌肉線條好看讓你變成小鮮肉，這些都只是附加作用，硬派腹肌訓練法的主要目標是肌力，而肌力就是張力。依據我的執教經驗，如果不縮短肌肉，那就無法達到最大張力。而且，當腹直肌與腹外斜肌縮短，脊柱會前屈，骨盆會後傾。事實上，骨盆後傾對於腹肌的啟動有很大的作用。㉞你知道嗎，比起前傾，腹直肌在骨盆後傾時更活躍了57%，而在骨盆中立時僅多了約 30%。㉟在股直肌這條髖屈肌上，可預見的其啟動順序則是相反。㊱與脊椎前屈相比，骨盆後傾則更能啟動下段腹肌。㊲強調脊椎前屈徵召更多的上腹肌，強調骨盆後傾則是啟動更多的下腹肌。㊳在硬派仰臥起坐中，兩者都兼顧到了。

即使你的專項運動並不需要脊椎前屈動作，一旦你在脊椎前屈的動作下訓練腹肌（要以正確的、硬派的方式），那麼就算你回到脊椎中立的姿勢，你的腹肌也能產生更大的張力。練完數個月硬派腹肌訓練，再回去試試平板支撐，你會被你能做出的張力所震撼。當然，你也能更輕易保持在中立脊椎姿勢。

美國大力士全國冠軍、國際健力聯合會（IPF）美國健力隊總教練，同時也是 RKC 資深教練麥克・哈妥博士（Michael Hartle），正在踢另一名 RKC、IPF 長青組（40 歲以上）的世界冠軍道格・狄尼爾特（Doug Dienelt），這麼做是為了測試他平板支撐的強度。

最終目標是要在全身張力良好的情況下緩慢向下躺，使肩胛骨與後腦杓可輕觸地面。

伸展你「可愛的肚肚」，接著休息3-5分鐘（不可以少於這個時間），然後再做下一組。一組3-5次，共做3-5組，組間休息3-5分鐘，這是標準的硬派肌力訓練課表，每週執行3次。

練到最後（如果你有遵守夾緊臀部的話！），你應該可以達到肩胛骨和後腦杓可緩慢穩定觸地的程度。恭喜你！但你仍應該偶爾做做進入硬派初期的簡單版本（半程硬派仰臥起坐），透過如此在訓練節奏上做變化，可獲得更強大的收縮。你也可以使用「1½技術」來更替全程版與半程版，方法為：先做一個半程，再做一個全程，像這樣去組合。

更加困難的靜態發動硬派仰臥起坐。

從無到有，製造全身肌肉張力

有些時候，你可以加入更困難的硬派仰臥起坐變化版本，也就是從底部地板開始的版本。像傳統仰臥起坐一樣，從放鬆的仰臥姿勢開始，啟動你的臀肌和腹肌，加壓，並在控制良好下坐起。抬到最高點後，把氣吐光，收緊腹肌，再開始向下躺，同時以「嗅聞」的方式短吸短吐。當肩胛骨和後腦勺觸碰到地面，把氣鬆開，使全身完全放鬆至少1秒鐘。接著深呼吸，重啟張力，並且向上開另一下。如同我們稍後將介紹到的，這種從無到有製造張力的訓練，在你的肌力訓練中無比可貴，這也是為何這樣的訓練法出現在諸如馬諦・蓋拉格（Marty Gallagher）這類菁英肌力教練的訓練方法中。

帕氏神器就定位姿勢。

千萬不要這樣做。

萬一你找不到有空的訓練夥伴,我設計了值得你信賴的帕氏仰臥起坐神器(Ab Pavelizer™,美國專利號No. 6,991,591 B1)。請別當作推銷來看待這句話:帕氏神器比人類好用多了。

將帕氏神器放在高摩擦力材質的平面上,例如瑜珈墊。將槓片裝上(從10磅開始是個好選擇),然後坐在這個看似無害的器材的前方地面上。以你的屁股為支點,將小腿抬起放在滾輪墊上,向下壓,直到你的腳掌踩在地板上。

請不要先踩進框內,然後向後坐的方式來就位!接下來怎麼做你已經知道了,請繼續下去。

1 帕氏神器輔助版硬派仰臥起坐。

2

3

砰砰！你正在使用你的髖屈肌。

這器材會在你練習錯誤時回饋給你兩種警告。你可能會將膝蓋拉向胸部來使用髖屈肌作弊，當你這麼做的那一瞬間，帕氏神器會往你滑過來。此時警笛響起、對空鳴槍，你知道自己最好小心點！

另一種，即便你放鬆一下臀部肌群，從不睡覺的帕氏神器會立刻將你的雙腳從地面上抬起。警報、槍響、那些令人全身不快的事又來了。所以你最好趕緊修正自己的動作。

砰砰！你沒有使用你的臀肌。

如果你的體重小於68公斤（約150磅），則使用11公斤（約25磅）；如果你的體重在68-91公斤（約150-200磅），則使用16公斤（約35磅）；如果你的體重超過91公斤（約200磅），則使用20公斤（約45磅）。超過這樣的建議重量並不會使訓練更有效，只要感覺到配重「想要將你的腿由下而上抬起」，那就足夠了。

所需使用的重量也受肢體重量分布比例的影響。當你的上半身越重，所需的槓片就越少，反之亦然。因此，女性要使用更多槓片。請勿大驚小怪，這就是別將你的硬派仰臥起坐與他人比較的原因之一，你的妻子或女友可能會讓你顏面掃地。

上述的重量建議只是指導方針，並非硬性規定。你的目標應該放在要找到能讓你腹部收縮最強的重量。

帕氏神器不是那些小鮮肉首選的腹肌訓練機。在這個器材的第一版，即使是世界上最著名的健力選手也只做了三下，大多數經驗豐富的健美選手甚至一下都無法完成。在麥吉爾教授實驗室的測量結果顯示，帕氏神器能創造超過175%最大自主等長收縮的不凡腹直肌收縮！換句話說，在刻意將腹肌收到最緊的情況下，帕氏神器能使腹肌的收縮程度達到將近兩倍！

實驗中測試帕氏神器（照片由加拿大滑鐵盧大學麥吉爾教授的脊椎生物力學實驗室所提供）

以下是我們記錄下的一些數據。這是我本人的肌電圖，最深色的線代表著「六塊肌」（腹直肌）的啟動程度：

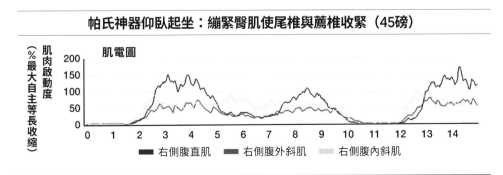

這是很強的肌肉徵召和張力，能直接轉化為全身肌力，並將六塊腹肌化為盔甲。知名的肌力教練麥克‧伯根納（Mike Burgener），前菁英舉重選手，現為菁英舉重選手的教練和父親，他說到：「帕氏神器是我與我訓練的選手用來建構強大腹肌的唯一選擇，我的選手從16歲的舉重運動員到74歲的老硬漢都有。我們在每一次訓練都使用帕氏神器，每週訓練三次腹肌，通常練3-4組，每組5-10下。我到現在仍不敢相信，我們使用了帕氏神器後得到的腹肌肌力有多強……**這絕對是我此生所遇，最強的腹肌訓練器材！只要你有心，核心一定強！**」伯根納是很老派的教練，他一定不是誇大其辭。

若身邊沒有訓練夥伴也沒有器材可用：進階硬派習練者專屬

如果身邊連彈力帶都沒有，那就徒手做硬派仰臥起坐吧。這是較差的選擇，這在食物鏈上比德國酸菜還低等（更下一層可能是雞肉？），但總比荒廢掉這麼強大的鍛鍊還要好。沒有人也沒有任何輔助器材拉著你的小腿，你就必須更加注意你的下背部有沒有拱起，你的腹肌與臀肌有沒有收緊！專家警告：「背部拱起會伸展腹部肌群，腹肌被拉長到緊繃的時候，會顯得很堅硬。指導者必須要小心，別將這種緊繃誤認為是肌肉收縮所製造的緊實度。」[39] 這就是為何我不推薦還沒學過硬派仰臥起坐的人直接做無輔助仰臥起坐。如果你無法取得帕氏神器，請將彈力繩掛在門把上，並將另一端套到小腿肚上。俄羅斯有句諺語：「酸菜搭配伏特加剛好，擺上桌一點都不尷尬，又很便宜，吃不完扔掉也不心疼。」（用俄文念才有押韻）彈力繩就是「酸菜」。經驗豐富的體操選手摩西‧鄧卡（Moses Dungca）評論道：「彈力繩只是『有那感覺』，但不能與帕氏神器相提並論。再次強調，帕氏神器是我見過的最佳輔助器材。神器就是神器，沒有任何替代方案可以與它相提並論。」

鄧卡補充了帕氏神器至上法則的另一項原因（斜體字部份是我自己加的）：「我全力推薦帕氏神器……這完全『貨真價實』，沒有任何東西能與之相提並論。這根本是開外掛。相信我，一旦你嘗試過，*就會明白要如何徹底使用並啟動你的腹肌*。這是獨一無二的神器。而且……我是一名體操選手，我的腹肌從不曾達到這個境界。」

鄧卡所指的是我系統中眾所周知的「肌力的逆向工程」。「硬派」只是一個總稱，涵蓋了我的所有教學（壺鈴、槓鈴、自身體重、活動度、柔軟度等等），將力量視為一種技能，並且**逆向設計出屬於世界上最強壯的人的肢體語言**。感謝西岸槓鈴俱樂部的創辦人路易·西蒙斯（Louie Simmons），我終於可以用一句話來解釋我在做的事了。

RKC 教官馬克·瑞福凱德手持兩個壺鈴操作地板屈身姿。（照片由馬克·瑞福凱德提供）

硬派仰臥起坐逆向設計出了擁有最壯觀腹肌的運動員（體操運動員）的肢體語言中的關鍵元素。只要觀察過他們展現如十字支撐等菁英級的雙環動作，你就會發現他們腹肌和臀肌的收縮都有一種熟悉的帕氏風格。

買個帕氏神器吧！

腳注

㉙ | Kendall 等人（1971）。

⑳ | Juker 等人（1998）。

㉑ | Kendall 等人（2005）。

㉒ | 康崔拉斯評論：「臀肌收縮透過增加胸腰筋膜的張力來保護脊椎對抗剪力，這對於脊椎抗屈曲有極佳的槓桿優勢（Sullivan, 1989）。我相信這就是健力運動員可以在不弄爆椎間盤的情況下，完成超大重量硬舉的重要原因。他們壯到不行的臀部強力收縮，使胸腰筋膜緊繃，這抵銷了很大一部分的屈曲力矩。（Vleeming 等人，1995）」

㉓ | O'Sullivan 等人（1997）。

㉔ | Tesh 等人（1987），麥吉爾（1998），麥吉爾（2001）。

㉕ | Semyonov（1968）。

㉖ | 雖然閉氣就足以鍛鍊腹斜肌，但是要像劇烈咳嗽那樣呼氣才能夠喚醒六塊腹肌。以下來自 Basmajian 和 De Luca（1985）：「當受試者……被要求出力或下壓而屏息時，腹外斜肌與腹內斜肌（下部）的收縮程度與努力程度呈正相關，但不同的是，腹直肌幾乎沒有收縮（Floyd & Silver, 1950）。這後來被 Ono（1958）……de Sousa & Furlani（1974）……證實，咳嗽時，雙側的腹直肌收縮活躍。所以很明顯地，屏息時腹腔內壓線性上升與咳嗽時腹腔內壓的短暫陡升，腹直肌對兩者的反應大相逕庭。」

㉗ | 麥吉爾（2009）。

㉘ | Zakharyants（1962）。

㉙ | 佛科軒斯基和西夫（2009）。

㉚ | Herrington（2011）。這些數據是從「正常無症狀族群」所獲得。

㉛ | Herrington（2011）。

㉜ │ 麥吉爾教授人很好，給了我他的評論：「以下是關於脊椎活動或稱非中立姿勢的總結。如果在脊椎承受負荷的情況下，當脊椎彎曲（非中立姿勢），椎間盤會更早出事。若在負荷重量小的情況下，這不是什麼大問題。所以說，當脊椎接近中立姿勢時，肌肉活動所產生的『脈衝』，脊椎都更能耐受。話雖如此，但負重時還讓脊椎動作的風險，會比在負重時將脊椎鎖定在非中立姿勢下，要來得更大。想像一下從地上舉起一塊阿特拉斯巨石（深蹲下去且脊椎完全前屈），軀幹以彎曲但等長收縮的形式纏繞包覆在巨石上，這會比在如此大的負重下讓脊椎動作的風險還要小。我還會將背部曾受傷的人與未曾受傷的人區分開來，許多人根本不懂這中間的差別，但你肯定懂。如果有傷病史，則必須謹慎處理，我們的許多策略是謹慎管理傷病，並且維持其功能。所以我會堅持脊椎前屈不耐者一定要不惜一切代價避免脊椎前屈，然而這對於非這類族群來說並非如此重要，如同常說的一樣，這些都是個案考量。此外，可容許的訓練量也受到脊椎姿勢的影響，脊椎的反覆彎曲會降低可承受的訓練量，例如在球上的『攪拌式』與仰臥起坐相比，人們可承受更大的攪拌式訓練量。但是正如你指出的那樣，這樣的想法是為了更好的運動能力而減少訓練量，你對此的概要是我所讀過最好的，超讚！」

㉝ │ 雖然俄羅斯研究人員並不質疑等長收縮訓練可以增強肌力這一事實（Vorobyev，1977），但他們認為這只是一種補強肌力的訓練方式（Zatsiorsky，1996）。等長訓練只應占肌力訓練量的 10%（Vorobyev & Slobodyan, 1977）。為了持續增長肌力，需要混合採用多種肌肉鍛鍊方法（Semyonov & Chudinov, 1963; Petrov & Chudinov, 1966）。

㉞ │ Shields 和 Heiss（1997），Drysdale 等人（2004），Urquhart 等人（2005）。

㉟ │ Workman 等人（2008）。

㊱ │ 麥吉爾（2006）。

㊲ │ Sarti 等人（1996），Willet 等人（2001）。

㊳ │ Lipetz 和 Gutin（1970），Guimaraes 等人（1991）。

㊴ │ Kendall 等人（1971）。

CHAPTER

4

內部等長收縮：
歷代體育家非凡的腹部力量和
鍛鍊的祕密

意念會化為我肌肉的力量。
　　　──普蘭斯特，馬福德

肌力訓練的心態 VS. 耐力訓練的心態

一旦你能做到全程的硬派仰臥起坐五組五下，那下一步呢？

當然不是增加反覆次數，也不是增加重量。答案是試著更努力繃緊肌肉。幾年前，史帝夫・麥斯威爾（Steve Maxwell）讓學生做改良版揚達仰臥起坐時，這樣建議：「重點不是做得多，而是做得少！」的確，當張力越強，疲勞來得就越快。所以當你越強壯，你會越早癱軟。我大概一兩下就不行了。無論你想做幾下，只要你感覺到張力即將消失，那你就該停下來。這才是肌力訓練該保持的心態，與耐力訓練的心態完全相反，肌力訓練一次就要用盡全力。

此時正是時候強調硬派仰臥起坐是一種刻意練習，而非破紀錄式的肌力測試，你不應該拿自己的成績與他人比較，甚至不該跟自己比較！如果你堅持，用其他的方法來評估你的腹部肌力是否有進步。比如說，雙槓上的L字支撐時間或屈身滾動的連續次數。但千萬別在你的硬派仰臥起坐中追求任何形式的量化數值上的進步。

回到如何進階的話題。我不喜歡在脊椎前屈的練習中增加重量，原因有幾個。在硬派仰臥起坐中，物理上你並不能增加太多重量，這只會把你撬起來弄個人仰馬翻。至於瑜珈球仰臥起坐、普通仰臥起坐等等之類的動作實在太麻煩了。保羅・切克（Paul Chek）在瑜珈球仰臥起坐加了超過91公斤的重量，這的確是很有男子氣概又有效的訓練，前提是你要能忍受操作起來很麻煩的器材，要找到夠可靠的球以及觀察員。你願意做的話，祝你強而有力，但我就跳過，我就懶，我就俄羅斯人。

健力選手布魯斯・安德森（Bruce Anderson）決定要認真對待他的腹肌。一開始他用11公斤（約25磅）的槓片做直腿仰臥起坐，五年後，他使用的槓片重達197公斤（約435磅），一組還做了10下！這也是值得敬佩的努力，但我不太確定這是否值得仿效。同樣的是，我並不反對這項訓練也不質疑這樣是否有效，我只是一想到要搬槓片就感到害怕。

但我願意為懸吊舉腿破個例。在腳踝上加重並不像在胸部堆疊個上百公斤那麼麻煩。但這只是理論上可以這麼加，其實大多數運動員甚至連一下標準的無加重懸吊舉腿都做不起來。此外，要是你超猛，也可以在不增加重量的狀況下找到各種有挑戰性的懸吊舉腿變化式。

我並不是不相信增加重量能練得更好，只是覺得不值得這麼做。把這些槓片留著給你的硬舉用吧。不是菁英運動員，在訓練中負重太多毫無意義：一項對女大學生的研究發現，在仰臥起坐中增加重量，對腹肌徵召毫無影響。[40]

所以，如果我們不增加反覆次數或重量，還能從哪裡著手呢？增加收縮強度。

科學家區分出**外部等長收縮和內部等長收縮**。「外部等長收縮指身體對抗體外阻力所產生的等長收縮，而內部等長收縮則是指無外來阻力時由體內對肌肉施加的等長收縮，很像健美運動員在賽場上做指定動作展現肌肉那樣。」[41]在我看來，你在頂尖選手身上看到那令人印象深刻的腹肌，並不是他們做高反覆仰臥起坐的結果，而是因為他們擺出的姿勢。此外他們還知道如何發展「意念與肌肉間的聯繫」，並能真正專注在擠壓腹肌。你也該這麼做。

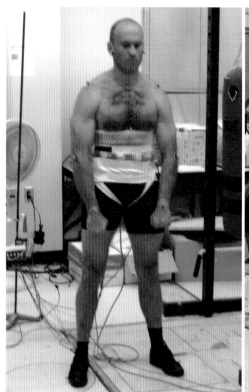

硬派呼吸法訓練使下背部肌肉收縮強度比起 184 公斤（約 405 磅）的無腰帶硬舉還要更高！（照片由麥吉爾教授於加拿大滑鐵盧大學的脊椎生物力學實驗室所提供）

麥吉爾教授以他獨創的「麥吉爾捲腹」指導菁英運動員的時候，指出：「即使是最自律的運動員也可以提升挑戰難度……直至終極訓練難度。首先，對整個腹壁做出預先出力，讓腹肌得到最大程度的徵召。腹壁既不內凹也不凸出，祕訣是捲腹……在腹肌預先出力的情況下做捲腹，這些已啟動的腹部本身就會產生很大的阻力……」

除了由硬派呼吸提升腹內壓所產生的「泡泡」所提供的巨大阻力❷，你也正在與自己的下背肌肉戰鬥。最美妙的是，腹內壓提升會反射性地使豎脊肌「劇烈」收縮，即使在脊椎完全前屈的狀況下也是如此。❸在麥吉爾教授的實驗室裡，我在和俄羅斯拳擊手練習硬派呼吸法其中一種變化版時，讓自己下豎脊肌的啟動程度來到80%的峰值，而當我硬舉到我當時最大肌力的80%，下豎脊肌的啟動程度還沒超過55%呢！也難怪硬派仰臥起坐這麼困難。在做的同時，你也要對抗自己強壯的下背肌肉所產生的阻力。誰還需要添加重量呢？

傳奇大力士馬克席克的方法

除了對抗預先出力的核心肌群和「泡泡」，你要做的只有試著盡己所能去收緊腹壁上的所有肌肉。內部等長收縮這種版本正是不幸被遺忘的「肌肉控制」方法，也就是要求訓練者僅使用意志力來極力收縮單一部位肌肉。一名著名的實踐者、歐洲大力士和健美選手馬克席克（Maxick），他如此回憶在他身上發生的驚人轉變：

在我學童時期與同學們的日常活動中，我總是玩樂遊戲裡最弱的一個。我的男孩天性使我在情感上無法接受這種挫敗，我想變強的渴望越來越強烈，強過任何人……在幾個朋友的幫助下，我成功製作了一個石製啞鈴，然而這粗糙石啞鈴的生命很短暫，我那既不知情也不同意我這祕密計畫的父親，無情地將它砸成了碎片。但我絕對不會讓自己因為這樣的挫折而灰心，未來也絕對不會。到了晚上，當我的家人放棄抵抗睡意而入眠，我在床上仍保持清醒，並且試著透過收緊和放鬆各部位的肌肉群，來代替那被毀掉的啞鈴運動。

我很快就理解到，最重要的因素絕不僅是反覆次數，而是鍛鍊時的意志。我想說的是，我並不特別重視大量的反覆次數，而是將每一個單獨的動作與刻意感覺某組肌肉正在強化的意象相互結合起來。透過這過程，所有的專注力都流向了此刻正活躍著的肌肉，內心對於變強的渴望導致了身體的有利變化。

眾所周知，人類所創造的所有事物都是先在腦海與思想中想像並成形。然而，使想法得以成真的必要力量，在於我們如何強化該想法，並最終將其塑造成五感可感知到的強度。

RKC教練丹・塞尼杜薩（Dan Cenidoza）幾年前在他的訓練方法中實行肌肉控制，獲得了極大成功，他沉思到：「我不再確信『動作是由你的身體而非肌肉掌控』這句陳腔濫調。為何不能兩者皆是呢？我可以理解為什麼人們會這麼說，這是為了鼓勵新學員以動作來看待訓練，而不某特定身體部位的角度來看待訓練。但如果動作是一種技能，那麼使肌肉收縮和驅動肌肉收縮的神經連結也是一種技能。」說得好啊，同志。

聚焦在肌肉上是有效的。特倫普・范狄格倫（Tromp Van Diggelen）同為大力士，對馬克席克和他的能力津津樂道：

照片無法公正地展示，但他絕對擁有獨一無二的肌肉「品質」。當他收縮肌肉的時候，看起來就像活生生的解剖圖譜，但我過去曾幫他按摩過⋯⋯他的肌肉在我的手中，感覺就像張飽含水分的柔軟麂皮。

⋯⋯馬克席克在表演時，體重通常不到64公斤（約140磅），他會邀請觀眾中任何一位想被舉起來的胖子上臺。這個人形發電機甚至可以舉起一個110公斤（約240磅）重的人，他將手掌張開，放在該人的腰椎上，並且請這位觀眾用雙手抓住馬克席克的手腕，然後他會用左手輔助將這笨重的人體啞鈴舉到他的肩膀上，然後毫不費力地將他高舉過頭（僅使用單臂），並舉著這個人體啞鈴走到臺下。

另一項馬克席克能笑著完成的壯舉，其速度與力量堪比原子能：他會拿起一個空香檳瓶，裝滿3/4的水，用左手抓緊瓶頸，並用右手往開口施以巧勁一拍，瓶子會以瓶底爆裂的方式破掉；他幾乎從未失敗過，就算失敗，也是整個瓶子爆裂。你可以拿起空的香檳酒瓶試試看這招，這會讓你對我那好兄弟所擁有的異常爆發肌力有更深入的了解⋯⋯

⋯⋯馬克席克將我（約84公斤）以側推的方式頂在頭上，張開的手掌支撐我的下背，他這麼做已經超過16次了；他的左手拿著一杯盛滿啤酒的酒杯，左手臂伸直與軀幹呈垂直，而杯內的酒一滴也沒有灑出來！⋯⋯還有一項即使是亞瑟薩克遜（編注：Arthur Saxon，同為著名的力量表演者）都會覺得困難的「特技」：我曾經躺在馬克席克張開的單手手掌上，而後他請我閉上眼睛，老實說，直到我睜開眼睛，才知道我已被他高舉過頭。

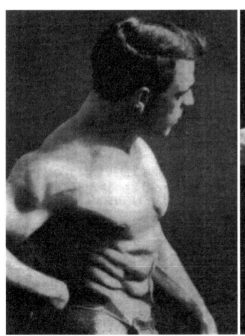

馬克席克

為了展示他那驚人的腹肌肌力，馬克席克過去常常平躺在舞臺上，讓我或是其他82-91公斤（約180-200磅）的人，站在他上方近2公尺的跳臺上，從跳臺落到他的腹部上；相信我，我落下時就像跳到一塊實心橡膠上一樣！精明如你，一定可以算出一個91公斤的人從2公尺高落下時，他的腳會在馬克席克的腹肌上施予多大的撞擊力。🆗

馬克席克直接對他身體的每一塊肌肉「下令」（真的就是這個詞），他的意志似乎扮演著指揮官的角色……一位著名的解剖學家曾經對我說：「當馬克席克完成他的表演，實際上他已超出了自己的身體極限。」的確，他的精神集中力非比尋常……我看過成千上百名貨真價實的強壯男人，而馬克席克的肌肉「品質」的確是前無古人後無來者。

除了練出世界級的力量之外，馬克席克還鍛造出令人難以置信的體格。尤金‧山道本人就承認：「……此人在健美上已達到了絕對完美的身體型態，在我看來，他已封頂，無法更進步了。」

尤金‧山道

「預先收縮」可以再提高 20% 運動表現

我希望你已經信服，將注意力集中在更用力擠壓著你的腹肌，會讓你更強壯，看起來更厲害。此外，這會帶來額外的好處。我先前已經解釋過預先收縮的好處，在拙作《身體的力量》（*Power to the People!*）與《帕維爾徒手戰士訓練法》中也提及這個在負重前讓身體預載超強張力的技巧。健力選手、腕力選手和體操選手都相當擅長預先收縮，因為在動態收縮之前預先做好等長收縮繃緊肌肉，可以將個人表現提升多達20%！**45**

馬克・瑞福凱德解釋道：

預先收縮這正是體操選手的拿手絕活。為什麼體操選手能可以起來如此輕鬆地做出高難度動作？這是因為他們可以在需要時迅速產生全身張力，並持續保持繃緊狀態。當你看到體操選手的「動作」中斷，你看到的是該名運動員缺乏維持全身張力的能力。為了完成這些極其複雜的動作（也可能只是倒立之類的簡單動作），必須要將身體區分成盡可能少的「區塊」以完成任務。當一名選手在空中翻騰，身體被區分成的「區塊」越少，就越有利於動作。想像一下一把中間有關節的鏟子，從槓桿的角度來看，這鏟子根本沒啥用處，不是嗎？這對於核心、臀部或其他身體部位放鬆掉的體操選手來說，是同樣的道理⋯⋯下一次當你看到在雙環上的體操選手做出任何動作（更不用說像十字支撐、前後水平等等高級動作），你會對這些超級運動員身上那「看不到的力量」感到敬畏萬分。

在沒有外部阻力的情況下，如何發展出最大繃緊腹部和臀部的能力十分重要，這是由觀察體操選手的肌力和體格反向推敲出來的。別費心在增加重量或次數上了，想辦法增加張力就對了。

RKC 教官馬克・瑞福凱德是 1970 年代的美國頂尖體操選手之一，與庫特・湯瑪斯（Kurt Thomas，湯瑪斯迴旋創始者）齊名。（照片由馬克・瑞福凱德提供）

腳注

40｜Morales 等人（2003）。

41｜佛科軒斯基和西夫（2009）。

42｜「腹腔內壓提升會使脊椎伸直……」（Zatsiorsky, 1995）。

43｜Floyd 和 Silver（1955）。Basmajian 和 De Luca（1985）評論到：「從我們的角度來看，這一項最新觀察結果的臨床意義還未獲得骨科專家的充分探究。」對我來說，這解釋了為什麼一名從來沒有碰過槓鈴的體操運動員第一次做硬舉時，就能拉到讓人驚豔的重量。若只考量自身體重訓練，高張力腹部訓練或全身性訓練可能比背伸、橋式等等動作，更能強化你的下背。

44｜康崔拉斯：「OK，別以為我不會咬人，其實我是個數字怪客。一名 90 公斤（約 198 磅）的人從 2 公尺（約 7 英尺）處墜落，在落地前一刻的瞬時速度為 6.5 公尺／秒，動能為 1879 焦耳。如果這種衝擊被超過 5.08 公分（2 英寸）的腹肌形變所吸收，這相當於 36,981 牛頓（3,770 公斤）的力。」

45｜佛科軒斯基和西夫（2009）。

CHAPTER
5

硬派懸吊舉腿：
娘炮不用練

> 障礙正是道路。
> ——禪宗名言

為什麼硬派懸吊舉腿是
終極最佳訓練法？

我從沒見過任何一個經常練習懸吊舉腿的人，無法練出精實又有用的腹肌，從來沒有。懸吊舉腿是屬於所有硬派同志的訓練計畫。

懸吊舉腿是體操選手的腹部基礎訓練，由此推斷，這訓練動作顯然在生產世界級腹肌方面，有著顯赫的紀錄。

懸吊舉腿很困難，但非常有效，是1980年代柳貝爾齊（Lyubertsi）地下健身房的首選核心訓練。這個位於莫斯科郊外的小鎮裡，街頭惡棍以其罕見的街頭格鬥技巧和強壯的肌肉，惡名遠播。

俄羅斯健力選手和大重量健美選手堅信，懸吊舉腿對於健力選手訓練計畫是一項絕佳的補強訓練。82公斤量級的蹲舉世界紀錄保持者伊果・謝斯塔科夫（Igor Shestakov）以兩組20下的標準懸吊舉腿當作鍛鍊前後的暖身與收操，身為世界紀錄保持者，他有著與其匹配的獎勵：那異常發達的腹部。

菁英健美選手也會做懸吊舉腿。懸吊舉腿是奧林匹克先生傑伊·卡特勒（Jay Cutler）最喜歡的腹部訓練動作：「懸吊舉腿是腹肌生長的關鍵動作，這顯然難度不低，尤其是當你的腿重達200磅（約91公斤）。」通常兩腿重量不會超過體重⅓，但腿長度導致的槓桿力學，會讓人感覺重達91公斤。

獨一無二的懸吊舉腿

懸吊舉腿對腰部肌群的作用強度超級猛烈，腹外斜肌的啟動度峰值達到163%，下段腹直肌可達到300%！❹❻

推行硬派懸吊舉腿的好理由我能想到一大堆，我可以在你組間休息時一次寫一條出來。

讓我們先界定一下合格的懸吊舉腿標準：

● 手肘要全程保持打直。
● 直視前方，頭部不向後仰。
● 從完全靜態的懸吊開始，動作時，節奏要控制良好、不借力。
● 膝蓋要保持打直，或近乎打直。
● 雙腳脛骨或腳掌要觸碰到單槓。

其中任何一項沒做到，那都只算你自以為合格。

1　　　　　**2**

3　　　　　　**4**

合格的懸吊舉腿示範。上述任何一項沒有做到，都只算你自以為合格。

你在開玩笑吧，同志！

不用想都知道，你不太可能一開始就做到標準的懸吊舉腿，你必須先練上數個月的硬派呼吸法和硬派仰臥起坐。而且要做腿後側與一點點下背的柔軟度訓練。如果你在直腿站立或直腿坐姿時，手指無法碰到腳趾，那麼在單槓上就更不可能，在你的手指能碰到腳趾之前，不要做懸吊舉腿。

從完全靜態的懸吊姿勢到「屈身姿勢」。

懸吊舉腿的祕訣──屈身姿

下一步,要學習解除下背後拱和身體放鬆的狀態,準備好做體操中所謂的「屈身姿勢」。英國體操教練洛伊德.李海德(Lloyd Readhead)強調:「這個姿勢對安全性與如何成功練習大量體操動作不僅十分重要,保持這種姿勢的能力更是體操選手在整個職業生涯中必須一直精進的課題。」

請注意,「屈身姿」並不是要你縮小腹!這種姿勢看起來像一個開口非常寬的C型:運動員的手臂打直、膝蓋伸直,像跳水姿勢那樣伸展開來,但腹肌的張力會「收緊」身體的前半部,使手臂和腿部靠近一點。尾椎最大程度地勾起,胸部內陷。這是一個不怎麼好看但卻強而有力的姿勢。[47]

我們有個學習屈身姿勢的特殊方法：懸吊在單槓上做硬派呼吸法。使用窄握：你可以試著用兩手的拇指尖量一下，約兩拇指盡量碰在一起的寬度。上半身比較碩大的同志必須握寬一些，但要比肩部寬度再縮窄一些。要這樣窄握的目的是預先伸展你的闊背肌，從而減輕對肩關節的負擔。另外一種更能刺激到闊背肌的硬派訣竅是使用虛握。

在我們要教的懸吊硬派呼吸與其它的懸吊舉腿動作，最好都是在雙槓上操作，窄握法、與肩同寬握法或略窄於肩寬握法都行。而半旋後握法（semi-supinated grip）會讓訓練難度降低，也對肩關節更友善。當你剛開始學習這些動作，半旋後握法會是個好選擇。

在這個動作和其他所有的懸吊舉腿的進階動作中，手臂必須全程打直。屈肘會降低訓練的效果，並有礙肩關節健康。硬派小提醒：繃緊你的肱三頭肌，持續繃緊。

保持雙腿筆直，將膝蓋骨向上拉，腳尖下壓。要更有效，就拿個蓋子鎖緊的小型空寶特瓶，夾在膝蓋略上或略下方，或兩腳踝之間，這能大大增加核心張力。當你能做懸吊舉腿，也可以使用同樣的方法。做引體向上時，夾小寶特瓶也仍然有效。聘請我為主題講師的聯邦執法機構，他們的其中一名講師把這簡單的小撇步拿去使用，結果他所訓練新兵在引體向上的成績全都大為進步。

深吸一口氣，然後用我們都很熟練的短促連綿的嘶放聲開始，做硬派呼吸。這會比在地面上操作要來的難很多，因為此時你的腹部肌肉除了同樣有著在地面

上相同的阻力，還需要對抗重力，才能使你的骨盆更靠近胸腔。試著透過收縮腹肌與腹外斜肌來縮短骨盆和胸腔的距離，如果你都做對了，在硬派吐氣結束的時候，肋廓的下緣稜線會消失，肋廓與腹部會呈現一條直線，不歪也不斜。

過程中也別忘了那些我們很熟的硬派呼吸法技巧：收緊尾椎，使出空手道臍功法等等。

你的身體會「收緊起來」。由於軀幹前面半部的肌肉收縮，你的雙腿會自然抬起一點點：這就是屈身姿勢的「碟型」。順其自然，但不刻意為之，現在還不是使用到髖屈肌的時機。

放手落地，休息約1分鐘左右，接著下一組要準備加入幾個新元素：肩膀和闊背肌的動作。

懸吊舉腿的一大好處，是能將闊背肌和其他參與肩關節伸直動作（將手臂往下往後收）的肌肉，與核心肌肉整合在一起。無須贅述，闊背肌也是「核心」的一部分，穩定脊椎是他們的職責之一。縱使你是個只要好看不在乎運動表現的型男，收縮闊背肌也會讓你的腹肌繃得更緊實好看。固定手臂、啟動肩伸肌群的運動（如懸吊舉腿）「能促使腹部肌肉組織啟動」。[48]事實上，直臂下拉（多數人幾乎不認為這是腹部訓練動作）在腹直肌收縮上，會比捲腹更強了14％。[49]這應該能給你一些提示，為何引體向上算是強而有力的腹肌鍛鍊動作。

掌握 4 步驟，提升肌肉協調力

從體操選手的動作逆向推論來看，闊背肌、前鋸肌、肩胛下肌和其他負責將單槓往下壓的肌肉要能協調運作，會需要好幾個步驟。要有耐心，這是值得的，一步一步來。

第一步是「收回手臂」，這純粹是安全措施。只需要將手臂拉進肩窩裡，但不將肩胛骨往下拉。（給讀者群中的書呆子：下壓盂肱關節，而不是肩胛骨。別將肩胛骨縮起來。）

第二步是將打直的手臂往下推，就像正在嘗試做直臂下拉或前水平動作那樣。這將啟動你的軀幹前面半部和腋窩下的許多肌肉。如果你的腹肌夠強壯，你的動作模式也正常，這將會反射性放大腹部收縮的強度。❺⓿

直視前方，不要試著抬頭看手抓的地方，做懸吊舉腿的時候也一樣。頸部也不要伸直。

第三步驟是試著「扭斷單槓」，就如《帕維爾徒手戰士訓練法》所教過的那樣，讓肩關節外旋，並啟動闊背肌和其他的「腋下肌群」。另一個能夠實現同樣目標的指導語是試著「使兩肘尖面對面」。當然，除非你有被巴西柔術冠軍教訓過，否則這是不可能的，但意念會引導你徵召正確的肌群。當你嘗試「扭斷單槓」或「使兩肘尖面對面」，手掌不應有動作，且肘部不應彎曲。

第四個步驟是試著將兩隻手臂夾緊以啟動胸肌，就好像你正在擠壓一個老派的保衛格（Bullworker）訓練器。在「上肢拉」訓練動作中，巧妙運用胸肌是體操選手那令人敬畏的上肢力量的祕訣。如果你花幾分鐘思考一下胸大肌拉動的方向，這應該不會再讓你感到驚訝。

將上述步驟依序添加並且執行，同時使用硬派呼吸，繃緊你的腹部、臀部、腿部肌肉。如果你按部就班做好本書每一個步驟，最終你的身體會感覺像一塊堅固的硬木，從腳趾到手指的每一塊肌肉都像被一條牢不可破的鐵鍊串聯一樣。這就是硬派。

這些硬派小訣竅你可能會需要一段時間才能掌握，但學會以後的好處非常多。

練習懸吊硬派呼吸5-10組，組間應充分休息。數組訓練下來，當你已經駕輕就熟，再添加部分行程的舉腿。

發出一兩次嘶放聲，開始慢慢抬起雙腿，同時要維持方才呼吸法所獲得的腹部張力，接下來的呼吸就順其自然。想要在懸吊舉腿的整個行程都搭配硬派呼吸，必須等到你非常強壯才行。腹腔加壓通常都可以使各種肌力訓練變得更容易，但脊椎前屈動作是個例外。回想一下，腹腔內壓的增加會透過兩種機制使脊椎伸直：氣動液壓般的穩定力，以及背伸肌的反射性啟動。因此，硬派呼吸會使本來就很困難的懸吊舉腿更加困難。建議先做一兩次短促的嘶放聲讓身體收緊一點，之後的呼吸或憋氣就順其自然即可。

準備就緒後，開始加入部分行程的舉腿。

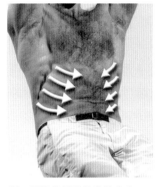

想一想腹外斜肌的收縮方向。

當你抬起雙腿，千萬別讓你的下背拱起！如果有這個狀況產生，那你還沒有開始習練抬腿的權利。你的腹肌，尤其是腹外斜肌，他們必須強壯又精明以抵抗強大的髖屈肌拉力。

大家都知道腹外斜肌可以幫助軀幹旋轉和側彎。但如果兩側的腹外斜肌同時收縮，他們會幫助腹直肌和臀大肌使骨盆後傾。想像一下將雙手掌滑入緊身皮夾克的口袋中，此時手掌手指的走向就是腹外斜肌的走向，想像一下當他們收縮時是如何拉提骨盆的前上部。有趣的是，即使你很擅長仰臥起坐，也是可能在懸吊舉腿上吃鱉，這不僅是因為腿部的長度產生的槓桿劣勢，還因為人體複雜的力學機制導致腹外斜肌需要額外作功。❺❶諷刺的是，做太多仰臥起坐可能會讓你在懸吊舉腿的表現更差！❺❷懸吊舉腿比硬派仰臥起坐會更有挑戰性的原因在於，臀大肌無法以收緊尾骨的姿勢來幫助腹內斜肌和腹直肌出力。

盡你所能抬高雙腿，但不要藉由拱下背、擺盪借力、上背前傾來達成。以現階段來說，只要幾公分就夠好了。現在這個階段，你的最佳選擇是每組1下，這比一組多次更能好好收縮，且舉腿也能舉得更高。

RKC教官傑夫・歐康諾（Jeff O'Connor）提供一些掌握這階段懸吊舉腿的技巧：「在這階段的關鍵是在正確的時機『放開』臀部。先專心收緊臀部，直到腿部抬到盡你所能的最高點，再將注意力轉換到拉起膝蓋骨……努力練習，直到這兩個步驟可以滑順到無縫接軌……最後一步是從上半身施加最大張力，當腿抬起，就想像一下將單槓拉到腳掌上。」

你必須要弄清楚，如果只是試著抬腿，不會有多大進展。懸吊舉腿動作就像一把折疊刀。換句話說，當你抬起雙腿，還應該透過將手臂向下壓單槓來「降低」你的肩膀。這樣也使懸吊舉腿的訓練效果得以「轉移」到引體向上的動作。

因此，當你抬起雙腿，請持續將單槓往下壓。維持膝蓋打直或微曲，彎曲膝蓋會使訓練變得容易，但效果也更差。對了，我有提到要伸展腿後側肌群嗎？在你開始進入懸吊舉腿訓練階段之前，伸展腿後側肌群並不會有什麼壞處。附帶說明一下，懸吊舉腿是對人體身體組成與關節主動柔軟度的綜合評估。要做好這個動作，需要精巧結合肌力、柔軟度，還要有一個精實的肚子才行。

沒有單槓該怎麼辦？

我們來學體操選手的最愛，「屈身姿滾動」。

設想一下在地面上練習屈身姿。伸直雙腿，繃緊雙腿，然後兩腿用力夾緊，腳尖下壓。讓你的骨盆、下背、腹肌和臀部做出你在做硬派仰臥起坐時的所有任務：收緊和繃緊。抬起你的胸部，使頭部稍微離開地面。上背與頸部間的相對動作盡量減少，遵循硬派仰臥起坐的操作要訣。

將舌頭緊緊抵住前齒，即可反射性啟動適當的頸部穩定模式。㊾

手臂有幾種可行的姿勢，最簡單的一種是把手放在胸前，或稱「防禦姿勢」。最標準的手臂姿勢是兩手向頭頂伸展，就像抓住單槓一樣。另一種更好的姿勢，如威爾‧威廉斯（Will Williams）所建議，握著一根掃帚，然後向頭頂方向伸展。也可以應用麥吉爾教授的「超級剛性」技巧：兩手朝頭頂方向伸展，掌心朝向天花板，再上下交疊，使兩掌相互出力貼緊。

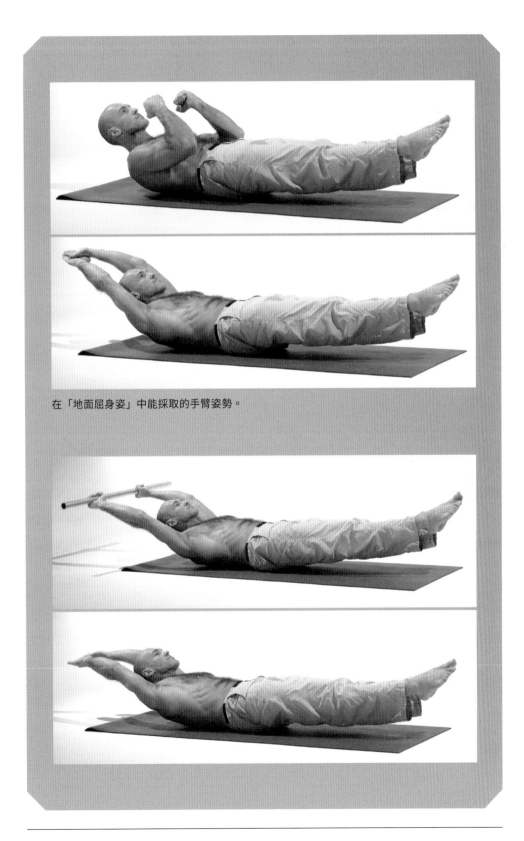

在「地面屈身姿」中能採取的手臂姿勢。

維持短吸短吐的淺呼吸，縱向微幅滾動背部，保持姿勢不要散架。你的身體各部位必須維持剛性，你的臀部、肋骨和下背部都不該有任何鬆動，腹肌也不展開，一旦有鬆動，就代表虛弱無力。在懸吊舉腿和硬派仰臥起坐這兩個動作中，腹肌是主要或輔助的動作肌群，但在屈身姿滾動中，腹肌則是穩定肌群。而且，如格雷·庫克在他的經典著作《動作》（Movement）中所述：「『穩定肌群』……的作用是在動作中保持身體部位不鬆動……」

馬克·瑞福凱德建議，可練習多組，每組 10-15 秒，組間休息時間相同。「練起來很有感。」他承諾。

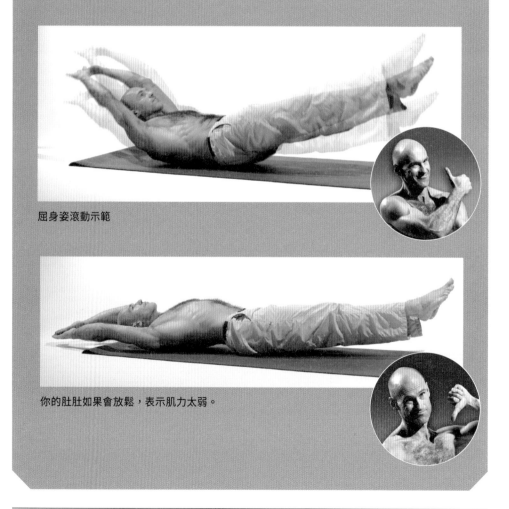

屈身姿滾動示範

你的肚肚如果會放鬆，表示肌力太弱。

屈身姿滾動的另一種版本是左右滾動，從半邊屁股滾到另一半邊屁股。確認你的上半身和下半身在滾動時是同步滾向另一側，不該有任何部位延遲。

無論你做的是縱向滾動還是橫向滾動，你都可以在兩腳之間夾著一個空的或裝滿水的寶特瓶，瓶蓋要鎖緊，夾在兩腳踝之間。

上半身滾動過去比下半身還慢，或反過來的狀況，都代表肌力太弱。

這項訓練除了能精雕出絕佳的腹肌，還可以增強幾乎所有方面的肌力。

爲什麼懸吊踮膝是個笑話？

只練習部分行程引體向上，不太可能讓你達成一次完整的引體向上，同樣道理，部分行程的懸吊舉腿固然有幫助，但無法帶你完成全程懸吊舉腿。而懸吊踮膝雖然看起來似乎是自然而然的退階動作，但這只是浪費時間。懸吊踮膝的動作模式和真正的懸吊舉腿差別實在太大。俄羅斯和保加利亞的體操教練使用類似於Total Gym®的器材解決這個問題。查克‧羅禮士（Chuck Norris）不該為認可該產品感到尷尬，許多俄羅斯體操館都配備了這個具有斜板凳和木梯的裝置。

這個老派裝置非常適合用於肌力與柔軟度訓練，它通常有著長180公分（6英尺）的木板凳，木板凳一端帶有溝槽。將板凳的另一端放在地板上，而後將帶溝槽的一端掛在你所需高度的木梯上。板凳上有一足夠大的滑車，可將你的背部舒適地平貼於上，藉由滑車下的輪子來上下滑動。這種裝置可以讓肌力很弱的人做倒立肩推、十字支撐等等高難度動作。根據你的肌力水準調整板凳的斜度，板凳放越平，訓練就越容易，讓你可以循序漸進地鍛鍊。教練會設置一套吊環，高度在運動員的頭部附近，而運動員將能完成一個完美的十字支撐！蘇聯的研究明確指出：這種以適當的退階方式來訓練目標動作，會遠遠優於同時進行基本肌力訓練和引導動作練習的傳統方法。㊸

而懸吊舉腿能以相同的方式來進階：從水平板凳開始，手上抓著木梯，就開始
做。當你變強壯，就逐漸提高板凳的斜度。這真的非常受用，唯一的問題是：
在美國根本找不到木梯架，帶著滑車的長板凳就更不用說了。我對自己曾向毫
無戒心的美國人推薦完全無效的懸吊跪膝感到內疚，直到我終於找到了一種在
美國標準健身房內就能訓練的方法。只需要一個蹲舉架，甚至只需要一名訓練
夥伴和一把掃帚，這樣就夠了。

地板硬派舉腿

1

仰臥在地，以你習慣的握法抓住設置到低位的安全槓上，安全槓要有點高度，別像跳水姿勢那樣手臂水平貼耳。體操選手將手臂貼耳的姿勢稱為「開肩」。雖然這會是你的最終目標，但今天你將在相對「閉肩」（較少肩屈曲）的情況下訓練，手肘大約在眼睛正上方。這是一個更好使力且更安全的姿勢。依據你的需要調整蹲舉架上的安全槓高度。

接下來你將只進行舉腿動作範圍的後半部分½-⅔。為何要限定這樣的動作範圍呢？首先，你已在單槓上訓練過前半部分行程的懸吊舉腿。第二，根據前蘇聯專家的說法，懸吊舉腿的前40-45度對腿部的刺激多於腹部。(55)第三，仰臥式舉腿的訓練困難處在於背部而非腹肌。(56)第四，我曾在保加利亞國家體操隊的前教練伊瓦諾夫手下受訓過幾個月，我對當時的部分行程懸吊舉腿（從L形到最高點）的效果，印象十分深刻。

和先前的硬派仰臥起坐一樣，你將從最高點開始，從完全收縮開始。用安全又簡單的方式來讓腳掌觸槓，維持膝蓋彎曲，並將你的膝蓋抬到胸前。然後伸直雙腿，以腳背觸槓，並停在這個姿勢。

深吸一口氣，雙手將槓往下壓，然後以硬派呼吸法發出熟悉的嘶放聲，直到你呼出肺部大部分的空氣，並且最好你身體前側的每一條肌肉都用力收緊。

在此同時，用力將你的腳背擠向槓，彷彿你下定決心要在皮膚上留下血痕那樣。這將會增強能讓你完成真正懸吊舉腿的力量。

在身體張力不放掉也不停止雙手壓槓的情況下，將兩腿移開，直到雙腿與軀幹呈90度角。移動雙腳時，以鼻子將空氣吸到肚子裡。

在「L形坐姿」上稍作停頓，同時維持身體張力，然後在自然呼吸的情況下回頭舉腿。當你的腳背觸槓，再次發出一連串嘶放聲。我從麥可・柯爾根（Michael Colgan）博士的一本書中得到了在懸吊舉腿最高點用力呼氣的靈感，這對我的訓練產生了非常巨大的影響。

一組3-5下，做3-5組，每組中間休息3-5分鐘。別忘了組間做伸展。每週訓練3次，將這樣的地板舉腿操練和原本的部分行程懸吊舉腿作交替練習。然後暫時對硬派仰臥起坐說聲「晚點見」。

為了獲得更強的肌力和更好的柔軟度，我們要來嘗試一種「操縱身體空間」的精微進階技術。過往，大力士選手喜歡透過擴張胸腔來扯斷鐵鍊，現在，競技壺鈴選手在壺鈴挺舉中將壺鈴舉開胸前，也是透過爆發式擴胸。你將會做與擴胸動作相反的操作，來使你懸吊舉腿更有力。

想像你的軀幹被均勻噴漆成紅色。在完成地板舉腿的時候，要讓身體前側從腋窩到骨盆區域每個部位的顏色都變得更深。這只有在表面積縮小，才會發生。要使你的皮膚表面積縮小，則須使你的肌肉（有些體表可見，有些不可見）緊縮，你的皮膚表面才會跟著縮小。所以要緊縮你的六塊腹肌、腹外斜肌、腹內斜肌、腹橫肌、前鋸肌、肋間內肌、闊背肌、胸大肌和胸小肌⋯⋯你不需要成為專業的解剖學家，只要會收縮，縮到最短，就可以了。

如果你的目標是盡可能減少軀幹前側的面積，那麼你就要盡量增加軀幹後側的面積。正面收縮而變成暗紅色，背面則伸展變成粉紅色。（幸好粉紅色在你的背面，而你看不到。粉紅色是脆弱的代表色，甚至有研究顯示，看粉紅色會使人暫時降低握力。）

前屈胸椎並不夠，你的兩肩胛骨要分開來，並呈現駝背狀。這恰巧是前鋸肌的工作，前鋸肌是位於你兩側腋下和腹外斜肌上方，看起來像肋骨一樣的超酷肌肉。它們可不止是好看而已。前鋸肌有許多功能，討論這些超出了本書的範圍，但是它們被非正式地稱為「拳擊手的肌肉」這一件事你應該知道，任何具有自尊心的硬派同志都應該要訓練它。事實上，前鋸肌的一項功能就是在你擊出KO那一拳時，讓你能滾動肩關節。當你在懸吊舉腿中雙手向下壓槓，很顯然你使用的不僅是手臂，前鋸肌也是主要的參與肌群。

但是不需要擔心這些解剖構造，只要在你的腳背擠壓槓並用力排出空氣的時候，試著「壓縮」軀幹前側的空間。訓練時，在軀幹前側挑一處部位集中練習，每練習一組就換一處新部位。

練到你可以游刃有餘地做完一組5下，這時候不要增加次數或組數。維持現有的次數組數再訓練幾次，但每次練習都要試著增加收縮強度。

接著進入下一個難度：將肩膀位置提升至略高於臀部的位置。你會需要在你的下背處墊一些重物（訓練夥伴的膝蓋或腳掌也可以），以免身體滑動。你也需要將抓握的槓向上移動。請注意，我還不希望你在此時將手臂舉至貼耳，就像你懸吊掛在單槓上那樣；現在更適合的是停留在稍微「閉肩」（稍微伸直）的姿勢。

在這個角度，你可以從重力得到的協助會更少。逐步增加上背抬高的高度，最終會進展到你坐直的地步。但就算在此時，槓鈴仍需微微靠前，而非在頭頂上方。

地板硬派舉腿進階動作示範

1

2

3

在旅途中，如何就地訓練 L 形坐姿懸吊舉腿。即使你已經精通了懸吊版本，你也可以透過專注於張力來使地面版本更加硬派。你可以使用 TRX® 棒來代替掃帚。顯而易見，你坐的地方要離門框有一點距離。

如果手邊沒有可用的棍狀物，你只需要用雙手抵住門框即可。有些人的肩膀做這個動作會不舒服。

在動作的下半部行程重新啟動你的臀部。

現在，你已經準備好學習「真正的」懸吊舉腿。你已經知道要怎麼做，只需要學會關於反向動作的小祕訣。

在向下的過程中，當你的腿快到L形坐姿的位置，再次啟動你的臀部，收縮夾緊。這將使這項訓練的後半部行程的強度更大，同時也為你的下背減壓。

放鬆或緊繃：兩種方法可分別做看看。

降至最低點的時候，如同硬派仰臥起坐，你有兩種選擇。第一種是維持張力，並直接回頭向上。第二種是完全放鬆，把你的口臭呼出來，並讓你的脊椎伸展一秒鐘，然後重新吸氣，並為了下一次懸吊舉腿，重新啟動全身張力。

你也可以改變握法，為懸吊舉腿帶來一些變化。除了虛握的窄握版本，還可以使用滿握與肩同寬版本，也別忘了平行窄對握。馬克・瑞福凱德是吊環懸吊舉腿的忠實擁護者，因為利用吊環可以讓肩關節自由地按照它們自然的方式來動作。

6 種強大變化版，
無限增強肌力

以脛骨觸槓的懸吊舉腿

隨著你越來越強壯，請試試以下更進階的懸吊舉腿版本。記得在每一下的最高
點做硬派呼吸，並讓全身緊繃。

1. 在懸吊舉腿中將腳舉更高，以脛骨取代腳背接觸單槓。根據運動科學家、菁
   英肌力教練伊萬・貝爾斯基博士的說法，這種變化版本可以讓腹肌的啟動最
   大化。

2. 高點半行程的懸吊舉腿，從L形坐姿到最高點，再回到L形坐姿。

3. 高點半行程懸吊舉腿加L形坐姿暫停。馬諦・蓋拉格在提到暫停式訓練法時寫道：「回到過往的原始時代，過去人們追求的方法是讓負重動作變困難；如今人們尋求的是讓負重動作更容易。而我們復甦了這種使阻力訓練變困難的古老哲學。你想想看，讓阻力訓練變得更加容易，這分明是無法解決的矛盾問題。」

伊瓦諾夫教練讓我做了以下的討厭動作：1秒L形坐姿暫停1次高點半行程懸吊舉腿、2秒L形坐姿暫停2次高點半行程懸吊舉腿、3秒L形坐姿暫停3次高點半行程懸吊舉腿等，一直累加到10秒暫停和10次高點半行程懸吊舉腿（我到最後必須有人協助才能完成）。這樣的反覆次數對於硬派訓練計劃實在太多，但我想你已經明白要怎麼做了。像是暫停3秒和3次高點半行程懸吊舉腿，對我們來說就會有效了。

另一種方案是在最高點的時候暫停，讓腳背緊壓槓幾秒鐘。最高點和L形坐姿都做暫停，效果會更好。你在全行程懸吊舉腿的中間點（即L形坐姿）和最高點也都可以做暫停。

高點半行程懸吊舉腿

踝部負重懸吊舉腿

4. 懸吊舉腿加踝部負重。有本好書《打造體操選手的軀體》（*Building the Gymnastic Body*）的作者克里斯・索默（Chris Sommer）評論：「除了偶爾嘗試打破單調的訓練和一些專項器材練習，我不會在體能訓練時讓我的選手做高反覆次數訓練。比起耐力，我對如何發展專項所需的爆發力更感興趣。運動員越強壯、爆發力越強，他們所能展現的運動能力就越高。探究後，我發現踝部負重舉腿是對於未來獲取卓越運動能力的更佳選擇，無止盡的無負重高反覆組數則不是。」

側懸吊舉腿示範

5. 側懸吊舉腿。讓懸吊舉腿更困難,並對你的腹外斜肌更具挑戰性,有一個簡
   單方法,就是讓你的脛骨觸槓的位置不在兩手中間,而是在兩手外面一點點
   距離。只能一點點!這個變化版本要使用窄握距。

   側懸吊舉腿的一個祕訣是其中一邊手臂必須更出力的下壓單槓,但手臂不能
   彎曲。想像你比較用力那邊的闊背肌、胸肌、前鋸肌和腹外斜肌等等這些肌
   群以最大程度縮短,讓單側肋骨靠緊,並且將你的骨盆往靠緊肋骨的那一
   側帶過去。在你的訓練計劃中採用這種變化版本的方法是做三向懸吊舉腿:
   左邊、右邊、中間。或者是五重懸吊舉腿:左、右、左、右、中間。

側懸吊舉腿示範

別做那愚蠢的「雨刷式」（在最高點左右快速晃動）。這不僅無法挑戰到腹肌，還會傷害到你的肩關節。

也別嘗試單手懸吊舉腿。這只是拿來娛樂的把戲，並非有意義的訓練。你會忙於擔心你的肩膀脫臼，而無法專注於訓練腹肌。

6. 硬派懸吊舉腿。在懸吊舉腿的全程都使用硬派呼吸法。一位很強壯的朋友在我建議他嘗試這個版本後，第二天打電話給我：「你是想殺了我嗎？我只做了3次，現在整個腹壁仍然很有感。」

在一般的情況下，你會在最低點發出嘶放聲，繃緊全身，到了最高點專心讓全身肌肉繃緊，舉腿的過程不必刻意去管呼吸。現在這個版本要求你全程嘶放不間斷。超級邪惡。

雖然使用的是我們常做的連續短吐氣而非一口長氣，但請盡量使雙腿的位移平穩滑順，不要斷斷續續或猛衝。你在做反向動作的時候也要出發出嘶放聲。不需要考慮吸氣，這會自然發生，你會在嘶放聲之間自動「啜吸」空氣。

這種版本是一種內部等長收縮的型態；你可以自己調節要收到多緊，由此來調整難易度。

娘炮們恨透了懸吊舉腿，因為實在太困難。懸吊舉腿需要真正強壯的腰部和闊背肌力量，這是喜歡高反覆捲腹那世代的娘炮所不具備的。懸吊舉腿同時也需要良好的柔軟度，但大多數肌肉男的柔軟度跟穿著厚重太空服的太空人差不多。你有兩個選擇，你可以持續抱怨抓著單槓有多困難、你的肩膀有多不舒服、你的腹肌怎麼都沒感覺……或者，你可以勇敢跳上去抓住單槓，接受挑戰。單槓就高高地在那兒等著你呢。

腳注

46 ｜ 康崔拉斯的資料。

47 ｜「腹直肌、腹外斜肌以及腹橫肌在脊椎前屈的情況下是最佳的發力長度，但腹內斜肌在這個姿勢下僅能發揮約 90% 的最大肌力。」（Brown 等人 2010）。

48 ｜ Monfort（1998），Bankoff 和 Furlina（1984）。

49 ｜ Tarnanen 等人（2008）。

50 ｜ Kendall 等人（1971）指出，正常的手臂向下／肩關節伸直動作「需要腹部肌群協助穩定。然而，當腹肌無力，背部肌群可以提供直臂下壓或手臂前推所需的穩定度。例如，讓患者以仰臥姿勢時給予阻力，令他雙臂出力下壓，則正常的腹肌會收縮，將胸廓牢牢固定在骨盆上方。可是，如果患者有明顯的腹肌無力，則背部會在桌面上拱起，胸廓會從骨盆上方被拉開，除非伸展胸椎，才會牢牢固定。拱起背部拉長了腹肌，腹肌在被拉長的張力下可能會顯得很堅硬。測驗者必須小心，別將這種堅硬誤以為是肌肉實際收縮導致的結實。」

51 ｜「外斜肌的雙側無力降低了脊椎前屈和骨盆後傾的能力……在軀幹向前捲曲的過程中，隨著胸椎前屈，腹外斜肌的後外側纖維被拉長。 這些腹外斜肌肌纖維有助於將肋廓後側拉向髂前嵴，當這些肌纖維收縮，通常傾向使胸椎伸直而非前屈……」（Kendall 等人，2005）

52 ｜「在練太多仰臥起坐的人身上，腹外斜肌無力很常見，因為在軀幹捲曲的過程中，腹外斜肌的後外側纖維會被拉長。」（Kendall 等人，2005）

53 ｜ 切克（1992）。

54 ｜ Ratov（1972, 1987, 1994），Yevseyev 和 Rykunov（1984）。

55 ｜ 貝爾斯基（2003）。

56 ｜「腹直肌……相對不活躍（在仰臥抬腿中）；它可以固定骨盆，並增加腹腔內壓。只有當腿抬得夠高，腹直肌才會開始縮短，然而此時將腿往下拉的重力力矩相對較小。由於椎間盤的初始壓力相當高，腹壁肌肉的活動並不顯著……仰臥抬腿這動作並不是特別有價值……以懸吊姿勢做抬腿更有效（這姿勢下，腿受重力作用達到最大時，腹直肌會收縮），但懸吊舉腿僅適用於受過訓練的人。」（Zatsiorsky，1995）

CHAPTER

硬派腹肌課表設計

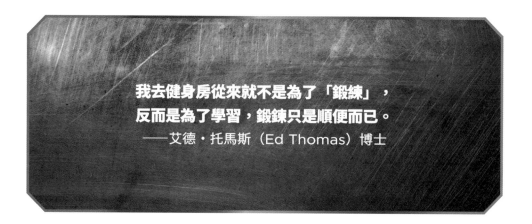

> 我去健身房從來就不是為了「鍛練」，
> 反而是為了學習，鍛練只是順便而已。
> ──艾德・托馬斯（Ed Thomas）博士

人們總喜歡說一些口號，例如：「腹肌一定要天天練！」或「腹肌絕不能天天練！」又或「每週訓練腹肌三次。」等等。以上的論述也是也不是。肌力訓練教練的經驗告訴我們，變動範圍寬鬆的訓練課表可能會有效，舉例來說，健力冠軍選手每週會練臥舉1-8次，這可是個很寬的範圍。

每一個體的訓練頻率、訓練量等等，取決於許多變項。以下提供一些千篇一律的建議，你可以從這裡出發，再做調整。我不會浪費頁面來解釋以下課表模組背後的邏輯。如果你讀過我過往的其他書籍，那你早就懂了。如果你還沒讀過我的其他書籍，請記住：黨永遠的對的，不要質疑黨。

高效課表設計的 17 個關鍵要領

● 將每次訓練視為「練習」而非「鍛鍊」。專注在最大化各個腹部肌群的張力，以及它們彼此之間的聯結。

● 不要以你能連續做多少次反覆來評估你的進步與否；隨著你的張力技術進步，你的連續反覆次數反而可能會下降。你該做的是：追蹤你執行本書給定的高級動作或是其他困難腹肌訓練動作的能力。

● 不要在大重量訓練之前或疲勞時訓練腹肌。最理想的時間是在少量的肌力鍛鍊之後，或乾脆避開肌力鍛鍊。

● 晚上做脊椎前屈訓練會比早上更安全。（譯注：根據麥吉爾教授的研究，早晨椎間盤含水量較高，不適宜做脊椎活動訓練。）

● 每週訓練你的腹肌3次。

● 懸吊舉腿和硬派仰臥起坐，每隔2週輪替一次（類似團塊訓練法）。

● 隨意在不同的動作之中，使用本書所教的變化版本做些變化，同中求異（專項變化）。
　　──例如：週一做從最高點開始的硬派仰臥起坐。週三做從最低點開始的硬派仰臥起坐，且每做完一次要完全放鬆。週五做1½下的仰臥起坐。

● 每組的反覆次數為1-5次。

● 永遠不要練到力竭。要在力竭之前的1-2次就停止，「不要把存在銀行的錢全領光」。

● 每次訓練的總次數範圍為10-25次。
　　——例如：5組2次（共10次）、3組5次（共15次）、2輪的2次-3次-5次（共20次）、1輪的1次-2次-3次-4次-5次（共15次）。

● 如果目標是肌肥大，可以將每週段訓練的總次數從最多25次遞增到50次。
　　——例如：10組5次（共50次）、5輪的2次-3次5次（共50次）。

● 組間的休息時間以分鐘為單位，時間長短應該與當前這組的次數大致相同。不需要精確到拿碼表來計時，只要大概就好。優先目標是肌肥大的人，可以減少組間休息時間。
　　——例如：做2次後休息2分鐘，做5次後休息5分鐘。

● 在組間休息時應伸展你的腹肌，並做一些使用部位不重疊的簡單動作。
　　——例如：帕式甩動法（Fast & Loose drills）、揮揮空拳（shadowbox）、伸展髖關節、使用滾筒放鬆梨狀肌與髂脛束、做些提踵運動等等。
　　——我是史帝夫‧巴卡利（Steve Baccari）的粉絲：我會每隔幾分鐘交替使用帕氏仰臥起坐神器和粉碎隊長握力訓練器（Captains of Crush®）。我找不到其他比這更能簡單又顯著地提升個體在專項運動中表現的方法。

● 如果你的時間比較零碎，你可以把一日分量的腹肌訓練分2段做完。
　　——例如：早上做2組5次，晚上做3組5次。

● 如果某一天真的無法按照預定計畫鍛鍊腹肌，該日有空檔時，就練習硬派呼吸法。

粉碎隊長握力訓練器可從 www.ironmind.com 購得。

● 如果剛好碰到高訓練量的肌力訓練時期,請將腹肌訓練減量或直接取消。
——例如:《壺鈴入門手冊》(*Enter the Kettlebell!*) 中的「極簡計畫」(Program Minimum)。因為有足量的壺鈴起身動作,任何的仰臥起坐訓練都是多餘。在壺鈴起立動作的休息日每週執行2次總量共10下的懸吊舉腿應該可行。
——例如:《壺鈴入門手冊》中的「成年禮計畫」(Rite of Passage)。單手壺鈴肩推的遞增訓練組會讓你的核心肌群操到發煙。你可以在每週做總量最多10下的硬派仰臥起坐與懸吊舉腿,兩項不在同一天執行。或者直接取消腹肌鍛鍊吧。
——例如:《壺鈴的回歸》(*Return of the Kettlebell!*) 中的壺鈴直膝抓舉(Kettlebell Muscle)、斯莫羅夫深蹲(Smolov Squat)、俄羅斯深蹲組(Russian Squat Routine)。在這些硬到炸裂的課表中,硬派腹肌訓練就不要想了吧。
——例如:《身體的力量》中的「熊」(Bear)與腹肌訓練並不相容。但另一方面,基本的PTP計畫和硬派腹肌訓練可以完全兼容。
——例如:《帕維爾徒手戰士訓練法》因為單手伏地挺身對核心肌群的需求極高,每週最多只能進行2次硬派仰臥起坐或懸吊舉腿,每次總量只能10下。

● 每年要遵循硬派腹肌訓練計畫2期,每期8-12週。

不做硬派腹肌訓練計畫的期間,要做些什麼呢?大重量訓練。

法蘭柯・哥倫布(Franco Columbu)博士告訴我他痛恨腹肌訓練。所以他在每一項肌力訓練中都努力把腹肌收縮到最緊繃,連臥推也是。「每一項運動我都有練到腹肌啊!」而他不僅獲得了奧林匹克先生的稱號,還獲得了「最佳腹肌獎」。看啊,這就是高張力的力量!

哥倫布博士以輕量級(91公斤/200磅以下)之身,硬舉了超過700磅。我希望你能遵循這位老派健美選手的守則,永遠別讓你的體格目標來擾亂追求強壯這件事。

願你強而有力!

強壯＋低體脂＝肌肉分離度（照片由哥倫布博士提供）

強壯＋低體脂＝肌肉分離度（照片由哥倫布博士提供）

APPENDIX

1

關於
「功能性核心訓練」

> 我所見過硬舉超過 300 磅（約 136 公斤）的人，
> 他們的核心力量都遠比那些日夜無休地宣揚練更多核
> 心會有神祕好處的細脖子健身專家，還要強得多。
> ——馬諦・蓋拉格

肌力、動作和功能之間的
眞正關係

在我的理解中，「功能性訓練」應該是教導（或更確切地說是提醒）如何動得像舊石器時代的狩獵者一樣。而這恰巧是硬派訓練法的目標之一。

我們的硬派作風從來不會將動作與力量切割。我們拒絕在結實纍纍的富饒平原上學習由「私人教練」教授的馬戲團小丑招式。我們贊同格雷・庫克的功能性訓練哲學，他是NFL和海報突擊部隊的首席物理治療師。只要是真硬漢都知道，「功能性」與「弱」不會在同一個句子裡同時出現。

諷刺的是，肌力不足，就不可能有好的動作。RKC前資深教練羅伯・羅倫斯（Rob Lawrence）打趣說道：「夠重的重量會揭示一項動作後面的生物力學真相。那些『非庫克派』功能性訓練者根本沒有『真正動過』，他們只是裝模作樣而已。」幾年前，我的朋友馬諦・蓋拉格寫了一篇題為〈做少一點，做好一點〉（*Doing Fewer Things Better*）的文章，其文句句說到我心坎裡：

在健身這個巨大無比的世界裡，有些事越來越瘋狂，一般健身客戶都感到茫然和困惑。我時常在電視上看到一些古怪的東西，因為私人教練願意做任何怪事來彰顯自己與其他教練的不同……比方說坐在臭名昭彰的瑜珈球上，一腳伸直，另一腳努力保持平衡，同時將一個小啞鈴高舉過頭。要不要乾脆播放馬戲團音樂，接著讓一輛迷你自行車繞著正在鍛鍊的受訓者打轉，並在八名小丑蜂擁而至時停下來算了？而在此時，那渾身毫無半點肌肉的「健身專家」戲劇性地指出，在努力保持平衡的同時做過頭啞鈴推舉（我那體重90磅的女兒能連續做個十幾次）能夠「增強核心肌力」。似乎最近蹦出來的那些瘋狂怪招都能建立某種撲朔迷離的核心肌力……來些核心肌力吧……來些核心肌力吧……當然，我所見過硬舉超過300磅（約136公斤）的人，他們的核心肌力都遠比那些總是日夜無休地宣揚練更多核心會有神祕好處的細脖子健身專家，還要強得多。這些專家們堅持他們的客戶需要更多的核心肌力，這幾乎已經成為新世代健身界不用開口就知道的口頭禪了。我可以斬釘截鐵地說：把蹲至平行線以下做10下150磅（約68公斤）暫停式深蹲當作目標，會比瑜珈球仰臥起坐、瑜珈球上肢推和不平衡的反橋式臀推這些零零總總的加起來，更能獲得核心肌力。這就是真理：在數學上可得實證，且無可辯駁。

……讓我們揮別在瑜伽球上甩著粉紅色小啞鈴這種對肌肥大來說效率極低的把戲，讓我們停止用非最大出力的強度和自我感覺良好來取代實質的身體進化，讓我們停止假裝，並開始實踐，讓我們認真嚴屬起來，這意味者我們必須拋棄所有的小玩意兒與干擾，讓我們回到赤裸的基礎動作上吧。讓我們開始精進最基本的訓練項目，不要做那些毫無意義的可愛小花招。

「大重量才有效益。」庫克曾如此說過。如果你使用一些轉體動作，例如全接觸轉體（full contact twist），縱使學生能成功保持脊椎中立，將肋廓完美地固定於骨盆上方，並在兩肩不動作的情況下，依照應有的控制與節奏來動作，他仍然無法學習到任何有關於如何將力量由地面向上傳遞到雙手的能力。除非他把重量加進這個動作的標準（例如：80公斤重的人，槓鈴上加20公斤的槓片），只有大重量才能正確排列力量的方向，並確保整條動力鏈有足夠的穩定性。在你把鐵片加到夠重之前，你永遠不會明白這一點。「大重量會給你當頭棒喝。」馬諦·蓋拉格保證道。

大重量是個好老師，前提是動作要夠慢。請不要憤恨不平地胡說：「夠快才有功能性。」如果你不能把一個動作慢慢做好，那你也沒有資格做得快。當然會有些例外，但多數情況下，無法慢慢做好某個動作，就如格雷所說，這代表著「你隱藏了些什麼」。如果不是代償，就是無力。這也就是為什麼我們的土耳其起立大師、RKC資深教練馬克·鄭博士經常讓他的學生用「太極拳速度」來練習土耳其起立。順道說一句，他教學生武術，也是用同樣的方式來教踢腿。當動量（momentum，即質量x速度）不再適用，人們會吞下大量物理學和技術來找出自己的問題區域在哪。這也難怪踢拳傳奇人物「超級左腳」比爾·華萊士（Bill "Superfoot" Wallace）用慢動作踢腿來當作他那冠軍級訓練的基本要素。

在硬派訓練中為了獲得更多的效益，我們的動作會比舒適速度更加快速或緩慢。例如，我們做土耳其起立會放慢速度，做壺鈴擺盪會加快速度。

「非庫克式功能派」（un-Cooked）的另一個問題是，他們未能在開始練習主要動作模式之前，先解決一些更基本的活動度問題。比如說，為了要做到完美的深蹲動作，這人一定要有靈活的骨盆底肌，否則就像拉著手剎車猛催油門一樣，這人終將半路拋錨，並得準備動手術置換人工髖關節。只有當坐骨能打開時，髖關節才能活動自如，做好深蹲。而僵硬不受控制的骨盆底肌會阻礙坐骨開合，還會磨損大腿的股骨頭。

因此，大多數的深蹲不僅費力，還「不正宗」。教練們讓學員使用泡棉滾輪對髖關節周圍的肌群施以各種花俏的伸展動作，但由於他們沒有意識到骨盆可以分開也應該分開處理，所以他們不會成功。相較之下，在硬派訓練系統中，我們會伸展骨盆底肌，教導學員在深蹲時別把注意力集中在髖關節上，並找到身體最舒服自在的深蹲動作。當你學會擺脫自己的方式，硬派深蹲看起來就自然而然，而且毫不費力。伸展與繃緊分別就是陰與陽的概念，而我們不必長篇大論和花俏的動作器具就能做到。

RKC資深教練、《黑帶》（Black Belt，美國最早的武術雜誌）專欄作家馬克·鄭博士補充道：「真正的硬派是建立在身體彈性與活動度的基礎上。產生極強的張力卻缺乏在必要的時候『放手一搏』的反應能力，這只是在發展僵硬又尷尬的動作，欺騙自己以為這樣很穩定。真正了解功能性的運動員會發展動態動力控制的技巧，永遠在正確的地方和正確的時機使用力量，並測試這個力量可以達到的最大重量。」

RKC 平板式＝標準平板式 4 倍

讓我們把討論焦點從「功能性訓練」拉回到「核心」，如果一個人的髖屈肌群僵緊而臀肌萎縮無力，那讓他一味地練平板支撐會比毫無價值還要糟糕。這名訓練者最終會練成以髖屈肌群取代核心肌群為主導的動作模式。如果使用硬派腹肌訓練法中的硬派仰臥起坐，結合髖屈肌群伸展，就可以重新接上正確的平板動作模式，正如我們在RKC壺鈴教官培訓課程中所做的那樣。生理學家康崔拉斯做了肌電圖測試，藉以比較傳統平板式和RKC版本中各個核心肌肉的啟動程度峰值，結果如下：

動作	腹直肌下段	腹內斜肌	腹外斜肌
標準平式	33.5	42.6	26.7
RKC平板式	115.0	99.5	104.0

在RKC平板式中，腹直肌下段的收縮強度比普通平板式的3倍還要多，腹內斜肌的收縮則是多於兩倍，而腹外斜肌的收縮強度幾近普通平板式的4倍之多。之所以有這麼大的區別是因為我們注重細節，例如我們會教導如何讓骨盆底肌啟動最大化。如同極端的柔軟度需要骨盆底肌的最大伸展一樣，極端的肌力也需要骨盆底肌的最大收縮。我們也會教授硬派呼吸法以及其他關鍵肌力技術。當你學會這些，如果你還想做平板式，你就可以開始了。

此時，你也打好做各種「功能性」訓練的基礎，這些訓練動作需要訓練者在各種平面上對抗負荷，同時要保持軀幹剛性和脊椎中立。麥吉爾教授㊗對這幾樣動作做了肌電圖測量。舉例來說，「滑輪機側步」（cable walkout）是讓受試者雙手抓著滑輪機把手，做側邊跨步。腹直肌僅有微微10％的啟動度峰值，而腹外斜肌略低於25％，而腹內斜肌則超過了70％的啟動度峰值，這並不讓人意外，因為在有正常啟動模式的人身上，任何的劇烈運動都會使腹內斜肌「上線啦」。

麥吉爾教授這位首席脊椎生物力學專家觀察到：「儘管任務本身非常艱難，但肌肉的啟動程度非常普通……在這些多關節、全身參與的站姿訓練動作中，單獨一條肌肉無法被啟動到100％，這是因為大多數的軀幹肌肉在脊椎的三個骨科軸線上都會產生動作，如果一條肌肉被啟動到更高的程度，不必要的動作就會發生，使其他的肌肉無法平衡。這限制了『功能性訓練』中每一條肌肉的啟動程度。」麥吉爾教授總結：「也許這樣的限制是之所以要將『功能性』訓練與肌肉孤立訓練分開進行的原因之一……」

換句話說，諸多的功能性訓練也許能讓你對動作更有概念，但只練這個無法讓你變得強壯。在我看來，這樣的訓練動作是物理治療師和動作矯正專家的領域。單跪姿劈砍這動作很棒，但是你必須知道你是在劈什麼，以及為什麼要這麼做。

世上最完美的「功能性」動作？

唯一我會向所有人推薦的一項「功能性」訓練是壺鈴土耳其起立，而且我對這個動作情有獨鍾。史帝夫·麥斯威爾多年前將這個動作介紹給RKC，自那時起，RKC的重量級人物格雷·庫克、馬克·鄭博士、布萊特·瓊斯和傑夫·歐康諾等人都已經在這個不凡的訓練動作中鑽研已有「一英里深」。土耳其起立的好處與應用時機實在族繁不及備載。

庫克評論到：「土耳其起立是訓練基本動作型態的絕佳動作，包括翻滾、單膝跪地、站立，以及身體的延伸。如果只能選一個動作，我會選土耳其起立。這是唯一完整訓練功能性動作領域的動作。」

麥吉爾教授強調：「對大多數運動員來說，學會將胸廓牢牢鎖在骨盆上方，對於傷害預防和表現提升至關重要……能將訓練成效完美轉換到運動表現的最佳訓練動作正是土耳其起立。做這個動作時，要控制脊椎姿勢，掌控過頭負重，這可使身體學會更多的動作策略，在保持軀幹剛性的前提下使四肢發力。」

康崔拉斯寫道：「壺鈴圈內多年來持續讚揚土耳其起立對核心肌群啟動的好處。有些肌力教練花了很多時間才跟上土耳其起立的熱潮，而如今大多數教練都讓他們的學員在熱身時做土耳其起立。在這項實驗中，土耳其起立是52個訓練動作中唯一一個，在受測量的四條核心肌肉中，都能超越100%的啟動度峰值的動作。幹得好，壺鈴練習者們！」

生理學家僅用了50磅（約23公斤）的負重，便得到這些驚人的數值：

訓練動作	下段腹直肌	腹內斜肌	腹外斜肌	腰椎段束脊肌
50磅土耳其起立	133.0	138.0	191.0	139.0

必須要留意，如果您選擇使用土耳其起立來當作鍛鍊堅實腹肌的唯一動作，那
你會需要相當大的訓練量。雖然每條核心肌肉的啟動度峰值非常的高，但平均
啟動度是中度，約在30-40%。當運動員不斷改變負重方向時，沒有任何一條
肌肉有辦法長時間如此用力收縮。你將不得不進行更高的反覆次數，使每條肌
肉在高張力狀態下的總時間延長。我們在《壺鈴入門手冊》中的「極簡計畫」
就是這樣做。

腳注

�57 ｜ 麥吉爾等人 （2009）

APPENDIX

2

全接觸腹肌

永遠要覺悟這一事實：
每一招的力量都源自於腹部張力。
——《空手道基本原理》，
艾布列希特·弗路葛（Albrecht Pflüger）

原則

武者的腹部肌肉要做好的五件事：

1. 化為軀體的盔甲。
2. 在不流失能量和脊椎力學良好的狀況下，將下肢力量傳遞至上半身。
3. 搏鬥期間繃緊腹肌，並保持適當的呼吸（陰呼吸）。
4. 爆發性壓縮呼吸，使身體剛硬起來抵抗衝擊（陽呼吸）。
5. 提供反射性旋轉的穩定性。

化爲軀體的盔甲

第一件事最顯而易見。腹壁的肌肥大有練就有。增加硬派仰臥起坐和懸吊舉腿的組數，已讓六塊腹肌肥厚。拉萊克・格雷西（Ralek Gracie）的肌力教練和瑞克森・格雷西（Rickson Gracie）國際柔術學院的肌力體能總教練查德・華特布里博士評論道：

在訓練技擊選手時，僅使用平板式或只專注於發展核心張力與脊椎中立的類似動作並不是最佳選擇。你的神經系統總是知曉保護自己的最佳方式，這也是它的工作。如果有人對你使出前蹬腿攻擊你的腹部，自然的反射動作就是下壓肋廓，把腹部張力撐到最大。腹部的高張力反應會化成一片盔甲保護你的內臟。這種反射動作深深地烙刻在你的神經系統中，就如同你踩到圖釘時，髖關節會自動屈曲縮回一樣。當重擊朝腹部襲來，沒有人會抬起胸部、挺出肚子，因爲神經系統很清楚應該怎麼做。爲了使腹部張力提升至最高，肋廓必須拉向骨盆，而這會伴隨著相當程度的脊椎前屈。在核心訓練和其他訓練動作時，訓練目標就絕對不會是將整條脊柱完全往前屈曲，因爲保持脊椎前凸（lordosis）是大多數動作的最佳方案。然而，爲了抵禦身體中段的打擊，技擊選手必須培養能瞬間提升腹部肌張力的能力，這需要足夠的脊椎前屈來拉低他的肋廓。當然，超出所需程度的脊椎前屈是不必要的，也會使你的脊椎承擔極高風險。

以下是能有效提升技擊所需核心肌力的動作，包括全接觸轉體、手提箱硬舉和各種前抱式（Zercher）動作的變化版本。而先前教過的懸吊舉腿，在技擊上也大有用處。

手提箱硬舉

1

2

3

前抱式深蹲

1

2

3

在不流失能量和
脊椎力學良好的狀況下，
將下肢力量傳遞至上半身

第二件要準備好的事，我所選擇的操練項目是全接觸轉體，稍後我將詳述如何練習。若是投擲型選手、技擊選手，你該做的是低組數與低反覆次數訓練，像是3-5組3-5次這樣的訓練量，不該做無意義的高反覆次數（我們將在第三件要準備的事裡，討論如何以正確的方式鍛鍊肌耐力）。就如MMA菁英肌力教練史帝夫・巴卡利的不朽名言所說：「你要先有肌力才能練出肌耐力。」

挪威科學家做了兩項研究，一項針對長跑運動員 58，另一項則是針對自行車運動員 59。除了日常的耐力訓練，這些經驗豐富的耐力型運動員還接受了純粹的肌力訓練，每週3次的4組4RM半蹲舉。8週後，運動員不僅更強壯、爆發力更強，體重沒有增加，在專項運動中的耐力也增加了：也就是說，他們的動作效率提升了，他們在最大有氧動力（maximal aerobic power）之下能堅持到精疲力竭的時間也增加了。

在能量系統光譜中（磷酸鹽、乳酸、有氧），投擲型選手處於光譜中磷酸鹽的極端，長跑選手和自行車選手處於有氧的極端，而技擊型選手則位於中間。如果低反覆次數的純肌力訓練對純耐力型運動員都有幫助，難道對你的幫助不會更大嗎？還有更棒的，這樣的訓練不會讓你練到腿軟，如你所見，這也不會增加選手的體重。

為什麼會這樣呢？肌肉越強壯，要產生固定力量所需的肌肉收縮就越少。60 看似簡單，但原因遠比你所想的深奧。在上述研究中，選手們提升了他們的動作經濟性，同時減少了他們的體感努力程度。而我們的身體是如何感受努力程度的呢？

神經系統會測量肌肉所需的神經驅動強度。❻肌肉會回傳關於其發力產生的張力強度、動作速度、動作距離等等相關訊息。大腦將「神經力量」的強度與實際輸出進行比較，確定所需的努力程度。❻換句話說，大腦會確認：這奮力一躍（「神經力量」的強度）能夠蹦多遠（實際上的機械功）。你會「覺得」某個重量很重，並不僅是因為它真的很重，還與移動它需要「榨出」你很多力量有關。

「產生某固定力量所需的神經驅動程度和許多因素有關，但主要還是受肌肉發力能力的影響。強壯的肌肉產生此固定力量只需要較低的神經驅動力，因為產生此力量只占用其最大肌力的一小部分。然而，疲勞的肌肉要產生此固定力量需要更高的神經驅動力，因為產生此力量會占用其最大肌力極高的比例。」❻

因此一名放鬆技術老練的強壯技擊選手能在場上打這麼久：他幾乎不用出多少力就能轟出猛烈的每一擊。這幾乎適用於所有的肌肉，但身體中段的腹部肌肉是特例。

麥吉爾教授解釋道：

儲存在柔性彈簧（或軟彈簧）中的彈性位能，很容易迅速消散或流失。如果肌肉沒有啟動到足夠的水準，就會發生這樣的狀況。如果彈簧太硬，儲存彈性位能的阻礙就會比較大，因為彈簧的硬度太高，很難產生形變……因此，在力量要載入之前，肌肉的預收縮程度好不好，極為重要……在最大收縮度最初的25%中，會有很大的剛性和穩定性。從我們針對幾種不同的有負重快速動作的研究來看，看起來預先收縮在25%最大自主收縮的程度時，會產生適量的肌肉剛性，這對儲存與恢復核心肌肉的彈性位能來說，是最佳的情況（至少多數狀況中是如此）。低於25%會導致肌肉軟得像塊海綿，而超過25%則會產生過多剛性，阻礙能量回返，並對脊椎與關節造成不必要的擠壓。

事實上，繃緊核心會使張力遍及全身（這種輻射 [irradiation] 現象我曾寫在《身體的力量》中）。這在承受重擊的瞬間是一件好事，但在逃跑的時候就不妙了。俄羅斯全接觸空手道大師、前特種部隊軍人安德烈‧科徹爾金（Andrey Kochergin）解釋說，僵硬通常是企圖引導肢體沿著固定軌跡動作的結果，而不是使其自然甩出的結果。他強調：「可以試著將『肢體』扔出去，在做到的時候，發出有力的喊聲。」他還推薦這樣的放鬆訓練：「以不同的方式向各個方向將放鬆的手臂投擲出去，並搖晃手臂，直到『骨肉分離』。」但他還是會做大重量的健力訓練。

只有夠強壯的人才能在出拳打擊時維持真正的放鬆。如果你的腹肌很弱，則會出現兩種同樣不舒服的情況。

第一種，你設法維持放鬆，在這種狀況下，你鬆軟無力的下腹會吸收掉腿部發出的大部分勁力，而不是將勁力傳遞到肩膀上。（「你推不動鬆軟的繩子。」麥吉爾吐槽過）。結果就是虛軟無力的一拳。

第二種，你的核心張力已經足夠了，但這對你來說太費力，導致張力溢散到你的四肢。這一拳已經不是拳，只是推而已，既慢又累。

透過低反覆次數的訓練來強化殺手級腹肌，這可以讓你的軀幹保持恰到好處的剛性，無費吹灰之力。你的四肢仍保持放鬆，你會強而有力且神清氣爽。

希望我已經說服了你用大重量做低反覆次數，那麼以下來談談操練方法。

將髖部力量傳遞至肩部的最佳訓練動作就是全接觸轉體。這項訓練動作最初是由前蘇聯為投擲型運動員所開發而來。默默無名的轉體動作會受到技擊選手們的注意，起緣是一位著名的俄羅斯鉛球選手在搶劫案中受困。當時一名歹徒用刀子砍傷了鉛球選手，此舉瞬間激怒了這名溫文儒雅的男人，一拳就打碎了這個混混的脾臟。當時蘇聯的司法精神幾乎是「即使好人也不能逍遙法外」，但這一次，守護自己生命的無辜男子罕見地被判無罪。這故事上了報紙。

伊果・蘇霍茨基（Igor Sukhotsky）同志讀到了這個故事。他曾是舉重國手，同時也是研究離心運動的科學家，在45歲時開始熱中於全接觸極真會空手道。這名極有創新精神的人研究了鉛球選手的訓練方法，注意到這種轉體訓練法不僅增加了自己擊打的力量，還增加了自己腹部抗擊的能力。蘇霍茨基對全接觸轉體印象深刻，以至於他將其增添進入自己那超級簡短的肌力訓練課表中，這個課表圓心僅有四種動作，健力三項動作加上早安運動。將全接觸轉體推廣到俄羅斯技擊圈中的關鍵人士，正是蘇霍茨基。

1 全接觸轉體的事前設置　　　　　**2**

在槓鈴的單側袖套上裝槓片。對真正的運動員來說，在單側袖套放上100磅（約45公斤）的槓片是合理的目標，但我們理智點，要從空槓或很輕的重量開始。先用折好的毛巾來保護牆壁，再將空的袖套底在牆角。

拿起有槓片的那端，兩手手指交叉握住槓末端。槓鈴應與地面呈45度角，你也可能需要調整角度，以對應你的身高與肢段比例。

在組內動作期間，保持脊椎中立：不要屈曲、伸展或旋轉。

維持手肘打直，膝蓋微曲。如果維持手肘打直對你來說很困難，請專注於收緊你的肱三頭肌。如果你會使用手槍，這樣的提示也許有幫助：這和打直手臂推

3　　　　　　　　　　　　　　　**4**

拉握槍的動作相同。（編注：pushpull action，慣用手抓住握把時，朝前方微微施出推力，另一手包住慣用手微微施出拉力。）

維持身體直立，吸氣，然後閉氣，同時將槓鈴負重端轉向身體側邊。別將自身體重放在槓鈴上，也別刻意遠離槓鈴。

在動作的同時，以腳趾為支點來轉動方向，以避免膝蓋受到旋轉方向的剪力。請穿著不會抓緊地面的鞋子，或打赤腳訓練更好。

收緊腹部，轉動髖關節，反轉回正。別透過肩膀與手臂來出力。在舉到最高點之前，不要吐氣。

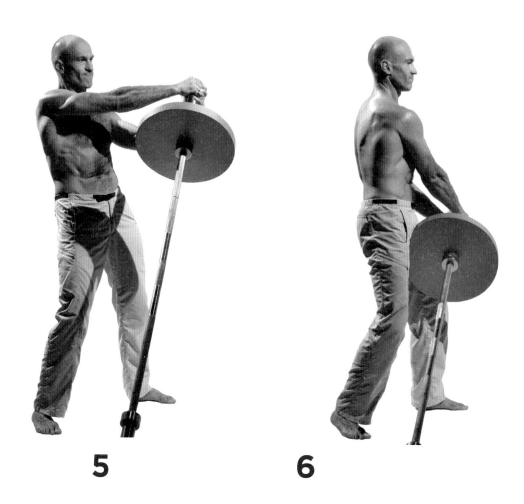

隨時都要控制好槓鈴，不要用甩的。

接著往另一邊重複相同動作。一邊轉體回正，換另一邊轉體回正，這樣算完成1次反覆。當你改變方向，你會需要稍微調整你的站距——當你做到夠重的時候你自然會明白。

精益求精，以下進一步提醒：別使用手臂和肩膀去撐起槓鈴。從右腳腳球發動扭轉，收緊右大腿內側。收縮右臀肌，並將髖部往左側轉動。接著是你的腹斜肌與腹直肌，縮緊你的肋廓，收緊你的闊背肌，最後才是移動手肘打直的雙臂。

再檢視一下整個動力鏈：腳球→大腿內側→臀部→軀幹→闊背肌→手臂→槓鈴。

現在該好好說清楚,在這個「旋轉」訓練動作中,並不包含脊椎旋轉成分:胸腔要牢牢黏在骨盆上方成為一體。麥吉爾幫我們在實驗室中測試全接觸轉體時,很高興地看到這動作沒有涉及到脊椎旋轉。轉體動作中有些部位會扭轉,但那些「部位」都不是脊椎。麥吉爾教授總結道:「核心肌群通常能做的是抗動而非主動動作。在大多數的運動或日常生活所需的良好動作技術,是要由髖部發力,並經由核心肌群產生的剛性來傳遞力量。」

搏鬥期間繃緊腹肌,
並保持適當的呼吸(陰呼吸)

這是指在保持核心支撐時,或在地板戰中肋骨受到壓迫限制時,不要用橫膈來吸氣和呼氣。

在此我堅持使用傳統的亞洲術語,因為「忽視傳統空手道的基礎是最嚴重的錯誤」。安德烈・科徹爾金將武術中的呼吸分為「陰呼吸」和「陽呼吸」。陰呼吸用於摔技、寢技、腿法,以及某些格擋中。陰呼吸是穩定的呼吸,即使在腹壁出力時,也要用強而有力的橫膈肌強制將空氣吸入,即「盾牌下呼吸」。角力選手和擒抱術選手習慣於長時間的等長收縮以及在受限姿勢下出力,這讓他們在寢技上比立技選手更具優勢。值得一提的是,東方武術對這種呼吸有極其繁複但有效的各種變體,一名認真的技擊選手應該自己花些功夫去研究它們,並且一定要讀過俄羅斯武術大師弗拉第米爾・瓦西里耶夫(Vladimir Vasiliev)所著的《讓每一次呼吸……俄羅斯呼吸大師的祕密》(*Let Every Breath... Secrets of the Russian Breath Masters*)。

麥吉爾教授這樣評論「陰呼吸」：「要有穩定且具功能性的背部，才能在任何呼吸模式下都能共同收縮整個腹壁肌群。良好的脊椎穩定性是在遇到各種方向的扭力，以及在各種呼吸模式中都能維持關鍵的對稱肌肉剛性……訓練發力週期時的呼吸模式不見得有幫助。」

麥吉爾這位優秀的教授與他的多數同事不同，他不會招募「未曾受過訓練的大學生」當受試者，而是偏好將電極測量應用在像喬治・聖皮耶爾（George St. Pierre）這樣的偉大運動員身上。麥吉爾教授開發了一項出色的訓練動作來培養技擊選手的呼吸耐力以及訓練陰呼吸。他將這項訓練稱為「攪拌式」。你將會「把前側鍊肌力與抗扭轉能力攪拌均勻」。

攪拌式用的是前臂支撐的平板式，前臂放在彈力球上。兩眼看著雙前臂之間的彈力球。維持脊椎中立與呼吸平穩，不能有骨盆與胸腔的相對位移，然後開始用你的手肘畫出圓圈，越畫越大。「原則是將脊椎動作最小化，但將肩部動作最大化」麥吉爾如此告誡。

攪拌式

麥吉爾建議從多組低反覆次數開始，並逐步拉高單組時間至搏鬥時間，例如MMA每回合搏鬥時間5分鐘，就持續攪拌5分鐘，組間休息1分鐘；踢拳每回合搏鬥時間2分鐘，則可練多組2分鐘。他強調：「魔法在維持呼吸時發生——在保持肌肉盔甲的過程中，讓橫膈收縮、放鬆。」

另一項值得採用的訓練動作是懸吊L形坐式，呈L形坐姿掛在單槓上一段時間，前提是這動作不會誘發你的背痛問題，且你的腿後肌群柔軟度要夠高。由於這是一項「陰訓練」，因此不要使用高張力技術，例如握緊單槓、啟動闊背肌和硬派呼吸法。使用橫膈肌來深呼吸，盡可能保持放鬆，不要彎曲膝蓋或放下雙腿，也不要拱起下背。根據前保加利亞體操國家隊教練伊瓦諾夫的說法，支撐時間目標是1分鐘。由於這對一名技擊選手來說，時間可能不夠長，而我嚴重懷疑你可能連30秒都堅持不到，所以勸你乾脆直接去練「攪拌式」或平板式吧。說到平板式，伊瓦諾夫為平板式設定的目標是3分鐘（精力充沛時測驗）。這並非我們在RKC課程中教授的10-20秒最大張力的「陽平板」，這種陽平板是為了練出低反覆次數肌力運動所需的張力。這裡指的是「陰平板」，所有的肌肉以相同的比例收縮但強度較小，並以深呼吸來進行。

俄羅斯全接觸空手道選手在練習陰呼吸的同時，會做以下練習來使身體變得更強硬。仰臥，像跳水姿勢那樣伸直你的手臂和雙腿。一位訓練夥伴會踩在你的肚子上，而另外一位訓練夥伴則握著前者的手以保持平衡。接著你開始沿著你那貼地的脊柱所形成的軸線慢慢縱向滾動。同時間，踩在你身上的訓練夥伴以小碎步的方式從你的身體上方踩過。「這是十分艱苦的鍛鍊，但可使腹部和軀幹的肌肉變得更強硬。」安德烈・科徹爾金如此承諾。

「陰式」懸吊 L 形坐姿

爆發性壓縮呼吸，使身體剛硬起來抵抗衝擊（陽呼吸）

「陽呼吸」是在發出重擊或其他爆發性動作中所使用的呼吸。不像其對應的陰呼吸，做陽呼吸時「呼吸與欲發的力道會相互配合」。安德烈·科徹爾金補充道：「以最大的張力進行劇烈迅速的呼氣，為了更集中力氣，最好伴隨著喊叫聲。一次陽呼吸的末尾，會有個吸氣後屏息，這是瞬間集中力氣發出重擊時不可或缺的動作，但在長時間的角力對峙中，這樣做會適得其反。」

以下為權威性雜誌《俄羅斯拳擊年鑑》所推薦的既獨特又簡單的練習動作，會幫助你在強化出拳的同時鍛鍊陽呼吸，以鍛鍊出更強壯的拳頭、更好的握拳時機，並增大前臂肌群。這篇文章的作者承諾，這樣的操練對肌肉的鍛鍊強度不亞於槓鈴。

找一塊大橡皮擦或一塊長方形橡膠，以舒適握著的大小為度，例如2.5×3.8×7.6公分（約1×1.5×3英寸）大小。隨身攜帶，想到就握緊、壓爆這塊橡膠。從你的hara（腹部，日文）發力抓握，壓縮！用你最大的爆發力，想像自己正在出拳。俄羅斯特種部隊肉搏戰教官貝柯夫（V. Bykov）的一個意象訓練很有用：「移動和出拳時，彷彿有顆手榴彈在你體內爆炸！」

接著放鬆，剛才握拳有多快，放鬆就要多快！前蘇聯著名的自身體重訓練專家弗拉第米爾·李維（Vladimir Levi）博士有句名言：「從精神思想上徹底放開的拳頭。」（我很好奇李維是否聽過禪宗名言：「當我張開手掌，拳頭消失到哪去了呢？」）

找一塊大橡皮擦或一塊長方形橡膠，以舒適握著的大小為度。隨身攜帶，想到就握緊、壓爆這塊橡膠。

科徹爾金補充道:「以最大的張力進行劇烈迅速的呼氣,為了更集中力氣,最好伴隨著喊叫聲。」

練到最後,你的拳頭就有能力迅速上膛,以緊-鬆-緊的順序,這也正是良好的出拳節奏。如果你在每一下反覆之間,發現有殘餘張力,請不要加快訓練步調!你可以兩手交替,每天多花些時間練習,這並不像看起來的這麼難,因為橡皮擦是可輕鬆隨身攜帶的物品。

以下是戴夫‧勞瑞(Dave Lowry)在《黑帶》雜誌的〈空手之道〉專欄中所寫的文章段落,為你的出拳和壺鈴擺盪動作,設下遙遠但可行的目標:

想像一下你的反擊拳分解成10幀的慢動作。你會在哪個時間點收緊你要緊實的肌群，擊出既好又結實的一記拳頭？新手會在動作開始的時候，就收緊肌群。他們對這個動作很有自覺。他們會試圖記住每個技術細節。他們會在拳頭離目標還很遠的時候，就用盡全力擠壓自己的肌肉。相較之下，較進階的練習者會保持鬆軟與放鬆，直到第7幀或第8幀時，才開始出力。更高等的選手，張力出現的真正時機是第10幀，最後片刻。從這裡開始，當你不在第10幀一開始就收緊，而是在最後的那一瞬間，你就有更多占上風的優勢。

空手道家將這種能力稱為「將鬆散轉化為技術優勢」，要注意的是，這裡說的「鬆散」並不是指慢動作或減弱收縮強度，而是限制出力的持續時間，這正是硬派訓練法的重要特色。

有的武術流派會練習一種十分強大的陽呼吸技術，稱之為「反式呼吸法」。這會需要在爆發式呼吸和出擊的同時，擴張腹腔，尤其是腹部的兩側。教導這種呼吸法超出了本書的範疇，但各種前抱式訓練會幫助你發展這樣的能力。

發展kime（勁道）的另一種絕佳訓練動作是倒提式壺鈴上膊。一旦你掌握熟悉了基本的壺鈴擺盪動作，換顆較輕的壺鈴，將壺鈴的提把從一般的橫向轉動90度成直向。牢牢握緊把手的正中間，接著先將壺鈴從跨下往後盪，然後以髖關節主導發力，將壺鈴向上擺盪至下巴高度。此時用力握住把手，收緊腹肌，將壺鈴倒提，牢牢抓好。將壺鈴向下盪回胯下，此時確保手臂放鬆。你需要的是幾組低反覆次數，共約10下即可。這項訓練動作對疲勞的耐受性很低。練到最後也許你能自行添加倒提壺鈴肩推、前蹲舉等，而且如果你是像麥克斯‧尚克（Max Shank，RKC資深教練）這樣的硬漢，你甚至會在倒提壺鈴上膊後接著做手槍式深蹲。除了能訓練到kime和陽呼吸外，倒提壺鈴的操練還能讓你練出剛強不彎折的手腕，以及老虎鉗般握力。格雷‧庫克還對倒提壺鈴動作施予了一些反射性穩定度的魔法。例如，他讓他的妻子丹妮爾‧庫克（也是RKC教練）在僅僅一期的訓練課程內，引體向上從4下進步到10下，而丹妮爾原本有單側腹壁的啟動問題。

倒提壺鈴上膊

倒提壺鈴上膊屬於陽呼吸訓練。而麥吉爾教授提倡的倒提壺鈴行走，則屬於純粹的陰呼吸訓練。繼大力士的農夫行走研究之後，他研發了這種訓練動作，麥吉爾教授意識到了腰方肌（在脊椎兩側上下走向的深層小肌肉）對健康和運動表現的重要性。腰方肌能使骨盆側傾，這對大力士與接觸型競技的運動員來說，都是不可或缺的。「試想一下，跑位快速的美式足球運動員如果核心強壯剛硬，將有助於將髖部力量傳遞到軀幹上，不但不流失能量，還能使跑位速度更快。」對技擊選手來說，在踢擊過程中，骨盆同時要兼顧許多任務，鍛鍊腰方肌的好處顯而易見。比起手提式或背負式負重行走，麥吉爾更喜歡倒提壺鈴式的負重行走，這是因為倒提式對核心剛性的要求更高，因為如果核心支撐不足，根本不可能牢牢地倒提壺鈴。麥吉爾教授承諾，這操練動作將能提高你的「運動能力」。

麥吉爾的「繩球直升機式」。（照片由加拿大滑鐵盧大學麥吉爾教授的脊椎生物力學實驗室提供）

麥吉爾為技擊選手設計了一項革命性的腹部訓練動作，這個動作同時結合了陰呼吸及陽呼吸：陽呼吸會定期疊覆在陰呼吸上。將一顆球體固定在繩子末端，並且開始以過頭動作繞圓旋轉。（如果你找不到這樣的物體，可以拿你老婆的手提袋，將裡面裝滿東西即成，但千萬別塞壺鈴進去）麥吉爾教授指導：「當球通過12點鐘方向時，要隨繞轉的節奏繃緊軀幹。換到其他方向，例如3點鐘方向，則會訓練到神經靈巧性。這項訓練的重點是快速的收縮和放鬆。」

上述的幾項訓練動作應該以快速度來執行，但仰臥起坐不行！快動作的仰臥起坐不僅會毀了你的背，目前所知這麼做甚至可能造成脊髓損傷或中風！千萬別落入這境地。

另外要向你推薦一種練習方法，不僅可以練到陰陽兩種武術呼吸法，同時還能獲得更多其他益處，那就是硬派壺鈴訓練。以我們最基礎的訓練週期為例：《壺鈴入門手冊》中的「極簡計畫」，裡面只有兩個訓練動作，壺鈴起立和壺鈴擺盪。壺鈴起立要不間斷的連續執行數分鐘（雖然每一下後就會換手），只要使用的壺鈴夠重，就成了絕佳的陰呼吸訓練。而另一項動作壺鈴擺盪，則是陽呼吸訓練，每一下擺盪都以發勁來執行。

硬派壺鈴訓練還能帶來另一種益處，一種非常特殊的耐力。最近的一篇研究[64]揭露了硬派壺鈴訓練在「調節」上的「什麼鬼效果」，作者回顧了現有的關於呼吸肌群疲勞的研究，提出了自己的主張。他發現，當呼吸肌群感到疲勞時，它們會以無法預期與令人不悅的方式來影響你繼續動作的能力。橫膈肌與其他呼吸肌群中的代謝產物會觸發神經系統中的開關，這開關會啟動戰或逃反應，並收縮全身血管。因此「呼吸肌群疲勞時會減少四肢血流，加速肢體疲勞，並放大肢體出力的感知」。好消息是，根據這位科學家的說法，調節你的呼吸，就會提升你在許多耐力運動中的表現。

給接觸型競技的硬派壺鈴調節法

「壺鈴擺盪很硬，擺盪重的壺鈴更硬。」

很難不同意 RKC 教官、「鋼鐵馴獸師」大衛・惠特利（David Whitley）的話。〈將呼吸肌群訓練作為人為輔助〉文章的作者是英國科學家艾莉森・麥康奈爾（Alison McConnell），根據她的說法，訓練你的呼吸肌群，可以在不增加最大攝氧量及／或乳酸閾值的情況下，提升你在許多耐力型活動中的表現。這至少某程度上解釋了單純的重壺鈴擺盪例行訓練的「什麼鬼效果」為何無法優化在接觸型競技中的最大攝氧量和乳酸閾值這兩項耐力相關的參數。

RKC 教官大衛‧惠特利示範壺鈴擺盪。

麥克斯‧尚克是 RKC 資深教練,是一名技擊選手也是全方位猛男,他將重壺鈴擺盪作為訓練的基礎。他的標準鍛鍊是 5 分鐘間歇單手重壺鈴擺盪,每隔 30 秒鈴響時,就做連續 10 下擺盪。這個鍛鍊總共有 100 下擺盪,每分鐘 20 下,動作與休息的時間比例約為 1:1。麥克斯承諾:「如果你投入這樣要命的訓練,每週做 2 次,過一段時間,你會對自己的其他訓練開始變得輕鬆又容易這件事感到驚訝。」

RKC 隊長邁可‧卡斯特羅喬瓦尼(Michael Castrogiovanni)幾乎自我們的 RKC 計畫開始,就一直與我們同行,並負責將俄式壺鈴導入美國肌力與體能協會(NSCA)。他寫道:

壺鈴之所在,擺盪之所在。

壺鈴擺盪從過去一直都在，未來也永遠長存！這是壺鈴訓練的基本功，任何在壺鈴擺盪上投入大量時間的人，都會得到極大的效益，不僅能解鎖自身髖部力量的祕密，也同時解開了壺鈴的祕密。我完全同意尚克的觀點，這正是我多年來就一直在說的，事實上這也是我偏好用壺鈴來訓練的原因。

過往有一整年，縱使已學會了壺鈴上膊與壺鈴抓舉，但我除了壺鈴擺盪以外的動作一律不練，我非常清楚壺鈴擺盪這基礎動作的價值所在。經過了數月的擺盪訓練，我決定重返角力運動，從我受傷（並非壺鈴造成）已經有一段時間，我想試試我新打造的肌力是否實用、能否轉移到運動表現上。我注意到我的訓練成果轉移到柔術墊上，主要有兩大收穫：我能夠抵禦那些曾經能隨意將我摔至地面的傢伙，因為我在纏鬥過程中有更多爆發力與耐力。在比賽後期，我也有更持久的爆發耐力來使出摔技，過去我甚至會因為太累而連試著使出摔技都做不到。而今，我還記得想維持手腕控制有多麼容易，儘管我停練角力已經很久了，我的手掌、手腕和前臂卻沒有絲毫的痠痛，這是多麼神奇的事啊。」

卡斯特羅提供了一些簡單又強大的壺鈴擺盪例行訓練：

基礎 10 下 10 組

做壺鈴擺盪，10下10組，盡可能縮短休息時間。如果這太容易，試著多加幾組；仍覺得太容易，加一點重量；還是太容易，就改成雙手各持一顆壺鈴。以此進階邏輯持續10週訓練，每週練習3次，找到合適的重量，就以該重量連續練習10週。然後看看會發生什麼神奇的事。

10 下 10 組金字塔組

和10下10組大致相同，前5組的重量逐步增加，後5組重量逐步下降。

10×10 ＋ 10×10 鑽石組

與金字塔組相同，但現在總共20組，前10組逐步增加重量，後10組逐步減少重量。

要在戶外訓練,並確保有足夠的空間可以拋鈴,在你的第 100 下之後,把你的壺鈴拋出去,越遠越好,這麼做可以讓你在以為己方已彈盡援絕時,仍能展現爆發力,這對比賽後期的爆發力有幫助。試試看,做做看,你會被自己嚇到!

聖荷西大學肌力訓練總教練／RKC 隊長克里斯‧霍爾德(Chris Holder)如此說道:「我幾乎已經做過了所有想像得到的擺盪／抓舉組合訓練。但最終我還是會走回重壺鈴擺盪這條路……」

「教練,我不覺得累耶!」這聽在霍爾德耳裡,是最美妙的音樂。

最大攝氧量並不是耐力的唯一決定因素。⑥⑤例如,先前提到的自行車選手和長跑選手做大重量訓練提升耐力的研究中,也沒有觀察到最大攝氧量的變化。一名認真的接觸性競技運動員應該用合適的方法來優化他身體素質的各個層面:最大攝氧量、乳酸閾值、呼吸肌群的肌力和耐力、自身的絕對肌力等等。

提供反射性旋轉的穩定性

在我們所列的第五件事——旋轉的穩定性,指的是上肢和下肢參與多平面動作時的反射性協調。就如格雷‧庫克所言:「你無法將旋轉穩定性硬派化。」做全接觸轉體,你也許表現得像熊一樣強壯,但如果你的核心肌群不能適當發揮反射作用,你將無法協調地做出諸如泰拳式迴旋踢這類招式。雖然壺鈴起立可以提升旋轉穩定性,但這可能還不足。測驗與校正旋轉穩定性超出了本書的範疇,可以參閱CK–FMS講師的文章:www.dragondoor.com/instructors/ckfms_instructors/.

給角力選手和擒抱術選手

很明顯地，擒抱術選手需要在蜷縮成球的姿勢下仍能展現力量。有一種簡單的方法可以發展出這樣的力量，同時提升上肢拉動肌力，並使你的肘部更健康，這是從 RKC 的史帝夫・巴卡里的書中所學習到的：在蜷縮成球的姿勢下，做反手引體向上。

角力選手要能在極不舒適的姿勢下將對手抬起。如照片中所示範的前抱式硬舉，是種危險但有效的訓練動作。亞歷山大・卡列林（Alexander Karelin）曾完成過 200 公斤（約 440 磅）反覆 10 下！雖然上背部會無可避免地屈曲，但請盡量維持下背平直，用「髖絞鏈」來完成動作。

圖片由加拿大滑鐵盧大學麥吉爾教授的脊椎生物力學實驗室所提供。

如果以上所有內容對你來說太過困難又複雜，那麼請按照《壺鈴入門手冊》書中的「極簡計畫」，使用重壺鈴來訓練，最終會到達32-48公斤。是的，就是這麼簡單。

腳注

58 | Støren 等人（2008）。感謝華特布里博士告訴我有這項研究。

59 | Sunde 等人（2010）。

60 | deVries（1980）。

61 | McCloskey 等人（1983）。

62 | Cafarelli（1982）。

63 | 麥康奈爾（2009）。我要感謝 Jeremy Layport 讓我注意到這篇論文。

64 | 麥康奈爾（2009）。

65 | 麥康奈爾（2009）。

Strength & Conditioning 007

帕維爾硬派腹肌訓練法：
讓核心肌群塊塊分明、極端強悍、充滿爆發力

Hardstyle Abs:
Hit Hard. Lift Heavy. Look the Part.

作　　者｜帕維爾‧塔索林（Pavel Tsatsouline）
譯　　者｜陳柏瑋
審　　定｜王啟安

堡壘文化有限公司

總 編 輯｜簡欣彥
副總編輯｜簡伯儒
責任編輯｜郭純靜
校　　對｜翁蓓玉
行銷企劃｜許凱棣
封面設計｜萬勝安
內頁構成｜IAT-HUÂN TIUNN

讀書共和國出版集團

社　　長｜郭重興
發 行 人｜曾大福
業務平臺總經理｜李雪麗
業務平臺副總經理｜李復民
版 權 部｜黃知涵
印 務 部｜江域平、黃禮賢、李孟儒

出　　版｜堡壘文化有限公司
發　　行｜遠足文化事業股份有限公司
地　　址｜231 新北市新店區民權路 108-3 號 8 樓
電　　話｜02-22181417
傳　　真｜02-22188057
E m a i l｜service@bookrep.com.tw
郵撥帳號｜19504465 遠足文化事業股份有限公司
客服專線｜0800-221-029
網　　址｜http://www.bookrep.com.tw
法律顧問｜華洋法律事務所　蘇文生律師
印　　製｜凱林彩印股份有限公司
初版 1 刷｜2023 年 5 月
定　　價｜450 元
I S B N｜978-626-7240-43-4
　　　　　978-626-7240-50-2（Pdf）
　　　　　978-626-7240-51-9（Epub）

國家圖書館出版品預行編目（CIP）資料

帕維爾硬派腹肌訓練法：讓核心肌群塊塊分明、
極端強悍、充滿爆發力 / 帕維爾 . 塔索林 (Pavel
Tsatsouline) 著；陳柏瑋譯 . -- 初版 . -- 新北市：
堡壘文化有限公司出版：遠足文化事業股份有限公
司發行，2023.05
192 面；　19×26 公分 . -- (Strength &
conditioning；7)
譯自：Hardstyle abs：hit hard, lift heavy,
look the part.
ISBN 978-626-7240-43-4(平裝)

1.CST: 腹部 2.CST: 肌肉 3.CST: 運動訓練
4.CST: 體能訓練

528.923　　　　　　　　　　　112005035